BAGAGEM DE MÃO

Buenc

A a Z

BAGAGEM DE MÃO

Buenos Aires de A a Z

4ª edição

artes e Ofícios

Porto Alegre, 2006

© de Luís Fernando O. Araujo, 2006.

Fotos cedidas pela Subsecretaría de Turismo
de la Ciudad de Buenos Aires - www.bue.gov.ar.

Projeto gráfico e editoração
L3 Design/Scan - Editoração & Produção Gráfica

CIP-BRASIL. CATALOGAÇÃO-NA-FONTE
SINDICATO NACIONAL DOS EDITORES DE LIVROS, RJ.

A69b
4.ed.

Araújo, Luis Fernando Oliveira, 1959-
  Buenos Aires de A a Z / Luis Fernando Oliveira Araujo. - 4.ed. - Porto Alegre, RS : Artes e Ofícios, 2006
  il. - (Bagagem de mão)

Apêndice
ISBN 85-7421-130-3

1. Buenos Aires (Argentina) - Descrições e viagens - Guias. I. Título. II. Série

06-0065.   CDD 918.211
            CDU 913(821.1)

Reservados todos os direitos desta edição para
ARTES E OFÍCIOS EDITORA LTDA
Rua Almirante Barroso, 215
90220-021 PORTO ALEGRE RS
(51) 3311-0832
arteseoficios@arteseoficios.com.br
www.arteseoficios.com.br

IMPRESSO NO BRASIL
PRINTED IN BRAZIL
IBN 85-7421-130-3

Sumário

Como usar este guia 7	Moeda 92
Hola, que tal? 8	Monumentos 92
Um pouco de história 10	Museus e Salas
Roteiros básicos 14	de Exposições 96
Símbolos utilizados 27	Parques, Praças e Jardins ... 110
Buenos Aires de A a Z	População 117
Aeroporto 28	Porteños 117
Bancos 32	Prédios e
Bares e Cafés-Concerto 33	Construções Históricas 118
Brasileiros 38	Religião 128
Cafés 39	Restaurantes 128
Calles e Avenidas 42	Fast Food
Câmbio 47	Pizzarias
Cartão de Crédito 47	Gastronomia
Cinemas 48	(Restaurantes por bairro)
City Tour 49	Saúde 160
Clima 50	Segurança 160
Compras 50	Sex Shows 161
Correios 59	Tango 162
Dançar 60	Academias
Eletricidade 63	Carlos Gardel
Feriados 64	Casas de Tango
Futebol 65	Discos de Tango
Gays 67	Programas de Rádio
Gorjetas 67	Tangos Fundamentais
Horários 68	Teatros e Casas de Shows .. 169
Hospedagem 68	Telefones 178
Igrejas e Templos 83	Televisão 179
Informações Turísticas 87	Transporte Interurbano 179
Jornais 88	Transporte Urbano 181
Língua 88	Zôo 185
Metrô 89	Vocabulário Básico 186
	Índice Remissivo 194
	Mapas 202

Como usar este guia

Agora que você escolheu um Guia Bagagem de Mão para se orientar em Buenos Aires é conveniente que saiba também todas as facilidades que ele oferece. Buenos Aires de A a Z está estruturado de forma a responder direta e objetivamente às principais questões que se impõem ao turista brasileiro na capital argentina. E esse objetivo será facilmente alcançado se algumas informações sobre a estrutura dos guias Bagagem de Mão forem assimiladas pelo leitor antes de sua utilização.

Inicialmente procuramos oferecer um resumo da formação histórica de Buenos Aires e seus principais personagens. O domínio dessa informação ajudará a compreender um pouco os argentinos e será de grande utilidade na visita a Museus e lugares históricos.

A parte mais importante para quem vai a Buenos Aires e, principalmente para quem o faz pela primeira vez, vem a seguir. São os roteiros básicos que indicamos para visitação. A estrutura desses roteiros valeu-se da divisão em bairros da cidade e os pontos destacados em negrito, nossas sugestões, podem ser conferidos com mais detalhes buscando-se os verbetes correspondentes no guia. Feito isso, o leitor fará a opção de ler o guia ou utilizá-lo conforme a sua necessidade, consultando-o sempre que precisar de alguma informação.

A quarta parte é composta de mapas que guiam o leitor pelos principais bairros portenhos. Vale lembrar que há um mapa completo das linhas de metrô (o subte) e um mapa geral de Buenos Aires impressos no verso da capa e da contracapa.

A sexta e última parte é um vocabulário básico que oferece o antídoto para evitar as principais armadilhas que a semelhança entre os dois idiomas costuma interpor aos alegres e despreocupados usuários do portunhol.

Hola, que tal?

A crise econômica que atingiu a Argentina nos últimos anos deixou marcas profundas e abalou até a auto-estima dos portenhos. Depois da eleição de Kirschner, há estabilidade política, a economia vem mostrando uma nova vitalidade, mas os índices de desemprego ainda são altos, a paridade do peso e do dólar é coisa do passado e a violência atingiu níveis jamais sonhados. Mesmo assim, Buenos Aires ainda se difere das outras grandes cidades latino-americanas e isso é notório nos primeiros passos que se dê pelas ruas da capital argentina. O desenho de seus prédios, o charme de seus cafés e a elegância de seus cidadãos podem realmente fazer você pensar que está em outro continente.

A cidade construída pelos argentinos portenhos está localizada na margem ocidental do Rio da Prata, junto à embocadura do Riachuelo. O rio faz parte da alma do portenho e os processos de revitalização do Puerto Madero e do Riachuelo são prova disso. Boa parte dessas margens é ocupada por grandes parques, que convidam para longos e agradáveis passeios.

A presença do rio é importante também como referência urbana. Boa parte da numeração de ruas e avenidas inicia do lado próximo ao rio e divide-se por quarteirões em centenas exatas. Assim, um quarteirão que inicie pelo número 200 irá finalizar no número 299. Atente também para o costume de informar a numeração pelas proximidades. Se você receber um convite para um café no bar que está localizado em "Florida al 800", isso significa que o café lhe aguarda na altura do número 800 da Florida e não necessariamente no próprio.

Se errar não há problema, caminhar é a melhor forma de adquirir intimidade com a cidade e Buenos Aires tem segredos de sobra para qualquer visitante. Vasculhe a cidade e aproveite ao máximo o que ela oferece. Uma breve apresentação é dada na seção de roteiros básicos. Leia-a atentamente, eleja suas preferências e vá à busca das emoções e surpresas que a cidade oferece. Uma coisa é certa: você vai querer voltar.

Calle Florida

Um pouco de história

A primeira povoação que deu origem a Buenos Aires foi instalada nas margens do Rio da Prata, em 1536, por Don Pedro de Mendoza. Mesmo fustigado pelos aborígenes e pela fome, o povoado resistiu cerca de cinco anos. Juan de Garay voltou a tomar posse do local em 1580, motivado pela necessidade de criar uma porta de acesso por terra, o início de um caminho que levasse ao Alto Perú, mais precisamente à rica cidade de Potosí.

A fundação de Buenos Aires, no entanto, teve pouca repercussão já que o local não dispunha de riquezas mais cobiçadas, como o ouro e a prata. Trinta anos depois, os cerca de 500 habitantes estavam abandonados entre a imensidão do Rio da Prata e a do Pampa, obrigados a sobreviver do contrabando, que chegava principalmente do Brasil, e servir de caminho ilegal para a prata de Potosí.

No início do século 18 a cidade foi ampliando seus limites fronteiriços como forma de se defender dos índios que ocupavam o Pampa. Paralelamente a isso, o couro, principal produto de exportação da cidade, crescia em importância econômica já que seu consumo aumentava na Europa, sobretudo em épocas de guerra, quando era utilizado até mesmo para embalar e forrar canhões.

Em 1776, a Coroa espanhola faz de Buenos Aires a capital do Vice-Reinado do Rio da Prata, que compreendia áreas que hoje fazem parte de países como a própria Argentina, Uruguai, Paraguai e Bolívia. Imediatamente após a criação do Vice-Reinado, a Espanha tornou mais liberais as regras de comércio nas colônias e Buenos Aires foi muito beneficiada, incrementando o comércio de mercadorias pelo seu porto e promovendo um explosivo crescimento econômico nos últimos 20 anos do século. Essa expansão da atividade comercial trouxe para a cidade os primeiros imigrantes italianos e franceses e um grande número de espanhóis.

De 1806 até o ano seguinte os portenhos resistem ao assédio dos ingleses. A expulsão dos ingleses deu a eles um enorme prestígio junto às outras cidades do Vice-Reinado e garantiu-lhes a instalação de um Regimento Militar permanente. Esse enorme poderio militar, então constituído, somava-se ao poder econômico e administrativo conquistado pelos portenhos ao serem escolhidos como capital do Vice-Reinado. Essa era a Buenos Aires das vésperas da Revolução de Maio.

A Espanha, que em 1804 recomeçou uma guerra contra a Inglaterra, aliou-se à França de Napoleão e abriu seu território para que suas tropas invadissem Portugal, tradicional parceiro inglês, e impusessem um bloqueio continental aos produtos ingleses na Europa. O avanço das tropas de Napoleão, como sabemos, fez com que a família Real Portuguesa e a corte de D. João VI embarcassem para o Brasil.

As mudanças na Espanha não foram diferentes. O colaboracionismo com os franceses custou o trono ao Rei Carlos IV. Em seu lugar, assumiu o irmão de Napoleão, José Bonaparte. Era o ano de 1808.

A reação do povo espanhol foi grande. Os espanhóis reuniram-se em Juntas e reataram com a Inglaterra. Para sufocar o movimento, Napoleão enviou reforços à Espanha, ocupando boa parte da Península Ibérica. Somente a Andaluzia, que sediava a Junta de Sevilla, resistiu.

Em maio de 1810, chegava a Buenos Aires a notícia de que a Andaluzia havia caído nas mãos de Napoleão. Essa notícia precipitou uma série de acontecimentos que culminaram na Revolução de Maio. Os argentinos, até então fiéis ao rei de Espanha, viram ser formada uma Junta pelos partidários da independência, em 25 de maio de 1810, iniciando a revolução pela independência, só conquistada em 9 de julho de 1816.

O período que vai de 1820 a 1880 foi extremamente conflituado e o país, desintegrado, viu surgirem grandes diferenças regionais. Em 1829, o caudilho Juan Manuel de Rosas assume o poder para deixá-lo somente em 1852. Finda a longa ditadura, foi promulgada uma nova Constituição, e, apesar das diferenças entre os interioranos e os portenhos não terem sido totalmente solucionadas, a Argentina experimentou uma fase de intenso progresso econômico.

Em 1880 é feita, enfim, a unificação do país, Buenos Aires se torna a capital federal da República e cessam os conflitos. Essa é a fase em que se intensificam os movimentos migratórios (quase dez milhões de imigrantes chegaram à Argentina até 1930, a maior parte - 40% - de italianos) e as campanhas contra os índios permitem a colonização do Pampa e do sul da Argentina. O enorme fluxo de imigrantes fez com que nos 50 anos que se passaram entre 1864 e 1914, Buenos Aires tenha multiplicado por oito a sua população e chegasse a dois milhões de habitantes em 1930.

Esse foi um período de grandes mudanças e novidades em Buenos Aires. Na virada do século foram construídas algumas das mais importantes obras arquitetônicas da cidade: o Palácio Municipal (1891), o Congreso Nacional (1906), o Teatro Colón (1907), as Galerías Pacífico (1890), os monumentos a Urquiza, Mitre e Sarmiento e foi feita a remodelação da Casa Rosada (1907). São ainda desse período a abertura da avenidas de Mayo e 9 de Julio e a criação, na grande área verde de Palermo, do Jardim Botânico, do Zoológico e do Parque Tres de Febrero.

Na década de 20 continua o crescimento da cidade. Por essa época surgem os primeiros arranha-céus. Em 1915 foi inaugurado o edifício da Galería Güemes (87m de altura) e, em 1922, o Palácio Barolo. Em 1935 foi construído o edifício Kavanagh, na época o edifício mais alto da América do Sul, com 120 m de altura.

O esplendor dos anos 20 completa-se com a circulação da primeira linha do metrô. Nesse período o tango já domina a noite portenha.

Passado o esplendor, os argentinos são obrigados a viver um período de forte crise econômica que abriu a brecha para que, em 1943, um golpe de Estado levasse os militares ao poder e permitisse o surgimento de uma das lideranças mais fortes da história política argentina: o coronel Juan Domingo Perón.

Ministro do Trabalho, Perón foi aos poucos conquistando as massas trabalhadoras e tomando conta dos Sindicatos. Foi eleito presidente em 1946 e deposto onze anos depois por outro golpe militar. A morte de Eva Perón, em 1952, e a oposição interna e externa crescente minaram as bases do regime.

Os militares derrubaram o governo, mas não conquistaram a estabilidade política. Os governos civis e os golpes militares foram sucedendo-se até 1973 quando Perón regressa do exílio e é eleito novamente presidente da Argentina. Desta vez, Perón foi deposto pela morte, no ano seguinte ao da posse. Em seu lugar assumiu a esposa, María Estela, mas ela igualmente não cumpriria o mandato. Isabelita foi deposta pelos militares em abril de 1976. O período que se segue, iniciado pelo governo do general Jorge Rafael Videla, é marcado pela violência.

A ditadura militar durou até 1983. O fracasso argentino na guerra pelas Ilhas Malvinas, no ano anterior, foi o seu carrasco. Finda a ditadura e reestabelecida a democracia, começaram a ser contadas as vítimas. Em 1985, quase nove mil casos de desaparecidos foram investigados pela Justiça. Hoje, as madres da Plaza de Mayo, que se reuniam em frente à casa Rosada e exigiam informações sobre os filhos desaparecidos, são as "abuelas" de la Plaza de Mayo, mas continuam a exigir justiça e a espanar um pouco da poeira da história.

Casa Rosada

Roteiros básicos

A parte de Buenos Aires de que trata este guia é a área denominada Capital Federal. Os bairros mais importantes, do ponto de vista turístico, estão relacionados a seguir, com sugestões de locais interessantes para conhecer. Para localizar essas sugestões utilize os mapas de bairros publicados no guia. Para maiores detalhes a respeito de cada atração sugerida busque no guia a descrição do verbete correspondente.

Belgrano

Belgrano, como a maior parte dos bairros situados ao norte da cidade, surgiu na década de 70 do século passado, quando uma epidemia de febre amarela praticamente expulsou as classes mais abastadas que residiam nos bairros situados ao sul da cidade, como San Telmo. Belgrano chegou a ser uma cidade e foi capital provisória do país por poucos dias no ano de 1880. No final do século passado era uma zona de veraneio muito luxuosa. Desde então o bairro ostenta um charme especial e é, sem dúvida, uma das melhores opções de passeios pela cidade.

Belgrano fica distante poucos quilômetros do centro de Buenos Aires e a melhor forma de chegar até ele é utilizando a linha D do Subte que leva até a Av. Juramento. Descer duas ou três estações antes do final da linha (Olleros é uma boa sugestão) e percorrer a pé a Av. Cabildo é um passeio estimulante e uma boa oportunidade para comprar em ótimas lojas sem os atropelos dos shoppings centers ou das ruas do centro da cidade. O trecho compreendido entre Monroe e La Pampa é o melhor. Findo o tempo de compras, siga pela mesma Cabildo até Juramento, quatro quadras adiante e faça um roteiro cultural.

Comece pela Plaza Manoel Belgrano. Em volta dela está a Paróquia de la Imaculada Concepción, uma curiosa igreja, conhecida como La Redonda. Próximo da igreja está o Museo de

Arte Español Enrique Larreta (Juramento 2291), e, mais abaixo e ainda na Juramento esquina com Cuba, o Museo Histórico Sarmiento. Junto ao museu há um simpático café e restaurante num ambiente todo envidraçado e uma área ao ar livre.

Descendo pela Juramento e dobrando à esquerda em O'Higgins está localizado o Museo Casa de Yrurtia. Voltando à avenida e descendo até Av. Arribeños você encontrará o Chinatown, uma zona de comércio ocupada por orientais, basicamente chineses. Na esquina com Echeverria você pega o caminho de volta até a esquina da rua 11 de Septiembre. Ali começam as famosas Barrancas de Belgrano, um desnível natural de quase quatro hectares, que já foi zona de veraneio das famílias portenhas quando o Rio da Prata chegava até o local. A praça, que ocupa uma área de três quarteirões, é toda arborizada e possui um mirante que permite ter uma razoável visão da área. Seguindo pela 11 de Septiembre (n.º 1990), ainda há a possibilidade de visitar o Museo Líbero Baldii.

Como chegar

Belgrano é servido pela linha D do subte. Desça nas estações Olleros (se quiser fazer compras pala Av. Cabildo) ou José Hernandez. A Estação Juramento, final da linha, fica bem próxima à Plaza Gen. Belgrano.

Linhas 15, 29, 38, 55, 60, 64, 80, 107, 114, 130.

Congreso e Avenida de Mayo

A Avenida de Mayo liga os poderes executivo e legislativo da República Argentina, cada um instalado em uma das suas principais praças: a Plaza de Mayo e a Plaza del Congreso. O circuito entre uma e outra guarda algumas das melhores atrações da cidade. Além disso, a avenida é toda arborizada e as cores das folhas dos plátanos proporcionam uma beleza toda especial no outono e na primavera.

Comecemos este circuito pela esquina da Av. de Mayo e Bolívar, bem em frente à Plaza de Mayo, cujo circuito faremos em programa a parte. O prédio majestoso que aí se vê é a antiga sede do jornal La Prensa, hoje transformado em Casa de Cultura. Antes da próxima esquina, com Calle Peru, pode-se descer as escadarias que levam à Estação Perú do subte, o metrô portenho.

Ela está decorada com cartazes que datam da época de sua inauguração, entre 1913 e 1915. Mais três quarteirões e chega-se ao tradicional Café Tortoni (Av. de Mayo 826). O Tortoni resume Buenos Aires e é obrigatório mesmo para quem vai à cidade para passar um único dia.

Seguindo sempre pela avenida, no número 1271, há outro café famoso, o Bar Los 36 billares. Quase ao lado, um interessante prédio construído no início do século, o Hotel Chile. Mais adiante (n.º 1370) depare-se com a beleza deslumbrante do Palacio Barolo. Logo à frente, já quase na Plaza del Congresso, outro prédio histórico interessante, La Inmobiliaria. Possui duas belas cúpulas vermelhas e ostenta duas estátuas, de Vênus e Apolo, na fachada.

Agora a Avenida de Mayo acaba e chega-se ao conjunto de pequenas praças que formam a Plaza del Congreso. Contemple dois monumentos em especial, El Pensador, de Rodin, e o Monumento a los Dos Congresos. Na praça também há um monolito do Kilómetro 0, ponto de partida da quilometragem das rodovias nacionais da Argentina. No final da praça, já na esquina de Rivadavia e Callao, está o prédio onde funcionou até há pouco tempo atrás a Confiteria El Molino. Do outro lado da rua, exuberante, está o prédio do Congreso de La Nación.

Como chegar

Para fazer este roteiro desde o início: Linha A Estação Perú, Linha D Estação Catedral ou Linha E Estação Bolívar. Para começar pelo Congreso, Linha A Estação Congreso. Para quem optar por fazer este percurso logo após o roteiro da Plaza de Mayo é só seguir pela Avenida, que inicia na própria praça. Quem não estiver muito distante e vai chegar caminhando deve tomar como referência a Florida ou Perú até chegar à Av. de Mayo.

Linhas 7, 64, 86 e 105.

Outras atrações

O Antiguo Hotel Majestic (Av. de Mayo 1317) deixou de ter hóspedes famosos como o bailarino russo Nijinsky e o arquiteto Le Corbusier e hoje é um prédio de escritórios mas o seu glamour ainda permanece.

Um dos palcos mais importantes da história do teatro argentino é o Teatro Avenida, que está localizado no número 1222 da Av. de Mayo.

Uma atração de Buenos Aires são as pasajes, pequenas e interessantes travessas. Na Av. de Mayo há duas: a Pasaje Urquiza Anchorena (n.º 747-753) e a Pasaje Roverano (n.º 560). Nesta pode-se descer as escadarias que levam a uma antiga estação da linha A do subte e apreciar alguns detalhes e objetos que sobreviveram com o passar dos anos.

Na esquina de Bolívar e Rivadávia, próximo à Plaza de Mayo e à Estação Perú está o belo prédio da Intendencia Municipal, sede do governo da cidade de Buenos Aires.

Costanera Sur e Costanera Norte

A Costanera Sur é um antigo balneário, situado além dos diques do Porto Madero, passeio obrigatório para os portenhos que desejavam chegar até o rio na primeira metade deste século. Criado em 1918, por ocasião dos festejos pelo fim da Primeira Guerra Mundial, a Costanera chegou a ser o balneário preferido das famílias portenhas nas décadas de 50 e 60. Depois, ficou abandonada por longo tempo e permitiu que o mato naturalmente tomasse conta de parte da costa. Hoje, esses terrenos são uma reserva ecológica e a Costanera volta a ser cuidada para que a população possa desfrutá-la.

São boas opções de passeio a Reserva Ecológica - Costanera Sur, o Museo de las Telecomunicaciones e o Museo de Calcos y Esculturas Comparadas.

A Costanera Norte é um grande parque construído junto ao rio nas cercanias do Retiro e Palermo. É uma zona de grandes avenidas e trânsito intenso, mas é também a única onde há possibilidade de se chegar a pé até o rio. Além de boas caminhadas nas margens do rio, a Costanera tem também boas atrações. Uma delas é o Clube dos Pescadores. Visite também o Museo Aeronáutico.

La Boca

A Boca é o bairro mais pitoresco de Buenos Aires. Berço do tango e do lunfardo (uma gíria muito utilizada no início do século e presente em muitas letras de tango), é a região próxima ao porto que abriga as famosas casas coloridas construídas com chapas de zinco e madeira. A tradição das cores iniciou com o pintor ítalo-argentino Benito Quinquela Martín, nome quase santificado no bairro.

La Boca está situada ao sul de San Telmo junto à foz do Riachuelo cuja "boca", que permite o acesso ao Rio da Prata, deu origem ao nome do bairro. É ali que fica o Caminito, cartão postal da cidade, uma pequena travessa que é o resumo do bairro: existem exposições de arte, dançarinos de tango, as casas coloridas de chapa de aço e uma feira de artesanato. O Caminito foi criado por Quinquela Martín sobre o leito de um trecho da antiga viação férrea.

O bairro foi colonizado por italianos, na maioria genoveses, e, por conta disso, possui muitas e divertidas cantinas ao longo da Calle Necochea.

Para percorrer as principais atrações de La Boca comece pela pequena praça Vuelta de Rocha e visite a Calle Caminito. As famosas casas de zinco estão concentradas em maior número nas Calles Magallanes e Garibaldi. Depois de circular por essas ruas, aproveite para visitar o estádio do Boca Juniors, La Bombonera (Brandsen 805 esquina Valle Iberlucea). É uma emoção para quem gosta de futebol e uma surpresa agradável para quem não é tão aficionado.

De volta ao Caminito e à Plaza Vuelta de Rocha, uma opção interessante, se você estiver acompanhado de crianças, é o Museo de Cera de la Boca. Visite também o Museo de Bellas Artes de La Boca, situado no segundo andar da Escuela Museo Pedro de Mendoza. Pouco mais adiante confira a pitoresca Puente Nicolás Avellaneda.

La Boca não é um lugar que faça jus à fama de cidade segura que Buenos Aires ainda ostenta. Algumas ruas são perigosas e é conveniente evitar passeios em horas e locais pouco movimentados, principalmente se você estiver desacompanhado. A salvação, no entanto, promete vir em forma de um projeto para revitalização do bairro com retirada de barcos semi-afundados no Riachuelo e a recuperação de prédios como o Mercado do pescado e a Iglesia Felicitas.

Outras atrações

A plaza Solis, formada pelo encontro das calles Suárez, Caboto, Olavarría e Ministro Brin, é a mais antiga de La Boca e abriga o monolito da fundação do bairro.

Há um interessante Quartel de Bombeiros (Brandsen 580) que conserva ainda uma bomba do século passado. A guarnição faz um desfile a cada dia 2 de junho nas ruas do bairro.

Quem tiver coragem - e sorte de pegar um dia em que o vento sopra o odor do Riachuelo para o sul - pode atravessar o rio contratando os barqueiros que se localizam próximo da Puente Nicolás Avellaneda.

Como chegar

Não há nenhuma linha de metrô que sirva diretamente La Boca. Uma opção boa e barata, porém, é tomar o subte Linha C, até a bela Estación Constituición, aproveitar para conhecer o prédio e, após, tomar um táxi até o bairro.

Para quem estiver por San Telmo e dispuser de tempo e vontade para caminhar, seguindo até o Parque Lezama poderá tomar a Av. Almirante Brown (que é quase uma continuação da Av. Paseo Colón) e seguir por ela até o Riachuelo, junto às Pontes Nicolás Avellaneda.

Linhas 20, 29, 33, 53, 64 e 152.

Montserrat

Montserrat é o bairro mais antigo da cidade, lugar dos mais importantes acontecimentos históricos vividos pelos portenhos. Foi no Montserrat que Juan de Garay fundou a cidade de Santa María de los Buenos Ayres em 1580 e onde também foi proclamada a independência durante a Revolución de Mayo, em 1810. O bairro limita-se ao sul com San Telmo e Constitución, a oeste com Congreso e ao norte com San Nicolas, o centro da cidade.

Em pouco mais de uma hora de caminhada você pode fazer um passeio a partir da Plaza de Mayo, o principal cenário da história política argentina. Ali se pode ver a Pirámide de Mayo e o Monumento ao Gen. Belgrano. Em volta da praça, conheça o prédio do Banco de La Nación, a Casa Rosada, a Catedral Metropolitana e o Cabildo. Atrás da Casa Rosada está o Parque Colón, construído em forma semicircular, que abriga o monumento a Juan de Garay, o monumento a Colón, o Museo de la Casa de Gobierno, e as ruínas da antiga aduana portenha.

Terminado o percurso pelo Parque Colón, siga em direção ao sul pela Balcarce e dobre à direita em Alsina. A partir dali há um sítio interessante de ser visitado. Comece pela Plazoleta San Francisco, localizada na esquina com Defensa e diante da Basilica de San Francisco. Na diagonal da pequena praça está a Farmácia La Estrella e, seguindo pela Alsina, entre no Museo de La Ciudad, que ocupa o piso superior do mesmo prédio. Seguindo adiante e virando à esquerda em Bolívar, visite a Iglesia San Ignacio e o Colégio Nacional de Buenos Aires. Um quarteirão acima, na Peru quase esquina com Alsina, está a Manzana de las Luces. Voltando à Defensa e descendo até a esquina da Av. Belgrano, pode-se visitar a Basílica de Santo Domingo onde está o mausoléu do General Manuel Belgrano, um dos maiores heróis argentinos.

Como chegar

As linhas A (Estação Plaza de Mayo e Estação Perú), D (Estação Catedral) e E (Estação Bolívar) findam na Plaza de Mayo ou bem próximo a ela.

Linhas 22, 24, 28, 29, 33, 50 50, 54, 56, 61, 62, 74, 86, 91, 105, 111, 126, 130, 142, 146 e 152.

Outras atrações

No número 567 da Av de Mayo está o edifício que serviu de sede para o jornal La Prensa. Embora o prédio esteja ocupado pela Secretaría de Cultura y Educación, aos sábados e domingos é possível conhecê-lo através de visitas guiadas. O prédio, construído em 1899, é rico em detalhes e atrações. Não deixe de conhecer o Salón de Actos Dorado. Nesse salão apresentaram-se para os funcionários o tenor Enrico Caruso e o músico americano Louis Armstrong e proferiram palestras nomes como Einstein e Ortega y Gasset.

Em frente ao Museo de La Ciudad, na esquinas de Defensa e Alsina, duas casas interessantes merecem a atenção do visitante. Uma delas, construída em 1820, pertencia à família Elorriaga e possui um pequeno mirante de onde se podia ver o rio. A outra (Alsina 463), construída vinte anos após, era de propriedade de uma cunhada de Juan Manuel de Rosas, María Josefa de Ezcurra, por quem Manuel Belgrano era apaixonado.

Em Alsina 420 é interessante o Café La Puerto Rico, que ainda mantém o aspecto original de sua abertura em 1930.

Na esquina de Perú e Moreno está o tradicionalíssimo bar El Querandí.

Em Moreno 350 está o Museo Etnográfico que apresenta, entre outras coisas, exposições sobre aborígenes argentinos.

Nas quintas-feiras, de 15h às 17h, no edifício da Academia Nacional de la Historia (Balcarce 139), pode-se conhecer o edifício original do antigo Congresso, que funcionou entre 1864 e 1905.

Palermo

É um dos bairros mais lindos de Buenos Aires. Extenso, possui largas avenidas, arborizadas, e diversos parques. As imensas áreas verdes são propícias para boas caminhadas e oferecem diversas atrações. Mesmo assim, é preciso muita coragem e preparo físico para conhecer todo o bairro a pé. O melhor a fazer é escolher os locais que serão visitados, traçar o roteiro e fazer a opção do transporte.

Em Palermo encontra-se o Parque 3 de Febrero (Los Bosques de Palermo) onde funcionam o Planetário Galileo Galilei (Figueroa Alcorta com Sarmiento), o Jardim Zoológico (Sarmiento com Las Heras) e o Hipódromo Argentino (Del Libertador com Av. Dorrego). É um lugar para ver importantes esculturas e monumentos imponentes. Palermo está localiza nas margens do Rio da Prata e faz fronteira ao norte com Belgrano, a oeste com Colegiales e Villa Crespo, a leste com a Recoleta e ao sul com Almagro.

Visite também a Plaza Italia (Av. Santa Fé), o Museo de Artes Plasticas Eduardo Sívori (Av. de La Infanta Isabel), o Jardín Japonés (Av. Casares com Av. Adolfo Berro) e o Jardim Botânico. São também interessantes os monumentos a Sarmiento, a los Españoles (à Carta Magna) e a Urquiza.

Como chegar
A linha D Estação Plaza Itália é a mais próxima e o deixará em frente ao Jardim Botânico.
Linhas 10, 34, 37, 130, 160, 161 e 166.

Outras atrações

Na esquina da Av. Figueroa Alcorta e Sarmiento, no local onde há agora uma pérgola de glicínias, havia o Café de Hansen, local onde teria sido dançado o primeiro tango em Buenos Aires.

Nos bosques de Palermo um programa interessante é conhecer o Rosedal, um jardim que chegou a ter 1.200 variedades de rosas. Ali está também localizado o Patio Andaluz, um presente da comunidade espanhola de Sevilla.

Na Plaza Italia há um monumento a Giuseppe Garibaldi doado pela comunidade italiana em 1904.

Plaza Lavalle

A Plaza Lavalle é uma praça cercada de história e, embora fique dentro das fronteiras do Bairro de San Nicolas, merece um capítulo especial. Essa região também é chamada de Tribunales.

E é pelo Palacio de Los Tribunales que começamos nosso recorrido pela região. Ele está localizado em Talcahuano 550, entre Lavalle e Tucumán. Em frente ao Palácio está a Plaza Lavalle e seus monumentos. Atravessando-a, chega-se à Calle Libertad e segue-se até a esquina com Viamonte onde está o célebre Teatro Colón. Seguindo-se adiante, ainda pela Libertad, encontra-se o Museo Judío Dr. Salvador Kibrick e ainda mais adiante o Museo del Teatro e o Teatro Nacional Cervantes (n.º 815).

Como chegar
Linha D Estação Tribunales
Linhas 5, 6, 23, 24, 26, 29, 38, 39, 50, 67, 75, 102, 106, 109, 140 e 142.

Puerto Madero

O Puerto Madero é um arrojado projeto de reurbanização das antigas docas do porto de Buenos Aires. A restauração teve início no princípio da década de 90 e hoje congrega prédios residenciais e comerciais, a Universidade Católica. É um grande complexo gastronômico, com bares, hotéis, edifícios de apartamentos, museus, um centro desportivo, uma reserva ecológica, cinemas e centros de convenções.

A área do Puerto Madero, nas margens do porto, vai da Av. Juan de Garay (San Telmo) até a Av. Córdoba (San Nicolas).

Como chegar
Linha B Estação l. N. Alem
Saindo de qualquer rua que vá em direção ao rio, entre San Telmo e o Retiro, chega-se a Puerto Madero. Procure localizar precisamente a numeração para onde se destina se o percurso for feito a pé.
Linhas 4, 20, 22, 28, 54, 61, 62, 74, 91, 130, 140, 143, 152.

Recoleta

A Recoleta é um dos bairros mais nobres de Buenos Aires. Assim como Belgrano, sua origem remonta ao final do século XIX, quando diversas famílias deixaram os bairros localizados ao sul da cidade, como Barracas e San Telmo, fugindo da epidemia de febre amarela. O nome Recoleta provém do Convento dos Padres Recoletos, edificado pelos padres dessa ordem em 1706 junto à Basílica Menor de Nuestra Señora del Pilar. Com ar parisiense, o bairro possui inúmeros palácios e prédios do início do século, grandes praças, ótimos restaurantes e tradicionais cafés com mesas na calçada.

Na Recoleta comece pela Plaza Alvear. Lá estão o Cementerio da Recoleta – onde está o jazigo da Família Duarte que conserva os restos mortais de Eva Perón –, a Basílica Menor de Nuestra Señora del Pilar, o Centro Cultural Ciudad de Buenos Aires, o monumento a Torcuato de Alvear e o Buenos Aires Design Center – que tem bons cafés e restaurantes e um grande número de lojas especializadas em móveis e decoração de design moderno. Nos finais de semana, a Plaza Alvear se transforma em uma grande feira livre.

Faça caminhadas pelas ruas Alvear, Quintana e Ayacucho e confira outras atrações imperdíveis como: o Museo Nacional de Bellas Artes, o Centro Municipal de Exposiciones (principalmente se for época da Feria Internacional del Libro) e a Biblioteca Nacional.

Como chegar
Linhas 61, 62, 67, 92, 93, 124, 130

Retiro

Bairro dos mais elegantes de Buenos Aires, teve seu apogeu no início do século e conserva muito da arquitetura daquela época. Iniciando-se o roteiro pela Florida, em direção à Plaza San Martín, chega-se até as Galerías Pacifico onde está instalado o Centro Cultural Borges. Mais além, está localizada a Plaza San Martín, cercada por palácios como o prédio do Círculo Militar e o Palácio Anchorena. No interior da praça está o monumento a San Martín. Ainda na praça, em direção à estação de trens do Retiro, está o Monumento a los Caídos en Las Malvinas. Mais abaixo pode-se ver a Torre de Los Ingleses e a Estação Retiro.

Do outro lado da praça estão dois prédios importantes para a arquitetura portenha: o Plaza Hotel e o Edifício Kavanagh.

Na direção oposta, tomando-se a Calle Arroyo e atravessando a 9 de Julho, chega-se à Embaixada Brasileira, ao Palácio Pereda e à Embaixada da França. Para compras, pode-se seguir ainda um pouco mais adiante, em direção à Recoleta. Ali está o Pátio Bulrich, um elegante Shopping Center (Libertad com Posadas).

O Retiro faz divisa ao norte com a Recoleta e ao sul com San Nicolas.

> Como chegar
> 🚇 Linha C Estações San Martín e Retiro
> Boa opção é prolongar o passeio pela Florida até chegar ao Retiro.
> 🚌 Linhas 5, 28, 33, 45, 50, 61, 101 e 152

San Nicolas

San Nicolás é o centro de Buenos Aires, zona limitada por Callao, Rivadavia, Eduardo Madero e Córdoba. Deve seu nome à Iglesia de San Nicolás construída em 1771 e que se localizava na esquina das atuais Corrientes e Carlos Pellegrini.

Um bom começo para o roteiro é a Plaza del Correo junto à Av. Leandro N. Alem e o Edifício del Correo Central. Um pouco mais adiante, seguindo pela Corrientes e entrando à esquerda na Reconquista pode-se conhecer o Convento de La Merced. Dali siga pela Sarmiento e dobre à esquerda na San Martín. No n.º 336 está o Museo Mitre e, mais adiante, n.º 275, o Museo de Monedas de la Nación. Uma rua acima é a Florida. Conheça no n.º 340 a célebre livraria El Ateneo. Seguindo adiante pela Florida pode-se desviar do roteiro inicial para um recorrido pela charmosa calle portenha (Veja em calles um roteiro com mapa específico da Florida). Tome um café no Florida Garden ou volte à Corrientes e deixe o Café para o Bar Suarez, na esquina com Maipú.

Siga pela Corrientes e desvie-se alguns metros na Suipacha. No n.º 384 está a célebre e obrigatória Confitería Ideal. Voltando à Corrientes e seguindo em frente chega-se até a Plaza de La República, onde está localizado o Obelisco, um dos cartões postais da cidade. Atravessa-se a Av. 9 de Julio e adiante há uma infinidade de teatros, livrarias e confeitarias. Se tiver fôlego para chegar até lá, detenha-se no n.º 1530 da Corrientes. Ali está o Teatro Gen. San Martín.

Como chegar
🚇 Linha B Estações L. N. Alem, Florida, Carlos Pellegrini, Uruguay e Callao. Linha C estação Diagonal Norte. Linha D estação 9 de Julio
🚌 Linhas 5, 6, 7, 23, 24, 26, 29, 38, 50, 59, 67, 75, 99, 100, 105, 109, 115, 116, 140, 142, 146 e 155

San Telmo

É um dos bairros mais antigos de Buenos Aires (onde se localizava o primitivo porto da cidade) e um dos mais representativos. Foi sede das principais ordens religiosas, núcleo residencial importante e centro histórico da cidade. Caminhando por suas calles poderemos encontrar casas dos séculos XVIII e XIX, herança histórica de períodos como as lutas contra as tropas inglesas no início do século passado. Daí alguns nomes de rua como Defensa e Reconquista, por exemplo. Em San Telmo está a Plaza Dorrego, onde aos domingos funciona uma imperdível feira de antiguidades. San Telmo faz fronteira ao sul com La Boca, a oeste com Constitución e ao norte com Montserrat.

Para conhecer San Telmo prefira um domingo para aproveitar a feira da Plaza Dorrego. No mês de abril, a feira funciona também aos sábados.

Conheça primeiramente o Parque Lezama. Depois visite a Iglesia Ortodoxa Russa, o Museo de Arte Moderno, o Museo Histórico Nacional, a Feira de San Telmo, na Plaza Dorrego, e os cafés e antiquários que a circundam. Também são pontos imperdíveis: El Viejo Almacén, o monumento Canto al Trabajo, a Parroquia San Pedro Telmo e o Museo Penitenciario Antonio Ballve.

Como chegar
🚇 Linha E Estação Belgrano.
🚌 Linhas 22, 24, 28, 29, 33, 54, 61, 62, 64, 74, 86, 93, 111, 130, 143 e 159

Símbolos utilizados em mapas e nos textos

✉ Endereço ⏰ Horários

☎ Telefone ✝ Igreja

🚇 Metrô 🎭 Teatro

🚌 Ônibus

Bairro La Boca

Aeroporto

As chegadas em Buenos Aires de vôos internacionais são feitas pelo Aeropuerto Ministro Pistarini, conhecido como Ezeiza (5480-6111), localizado a 47 km do centro da capital portenha. O percurso demora em média 40 minutos. O aeroporto está equipado com lojas, restaurantes, free-shops e casas de câmbio.

Ezeiza possui três terminais. Os desembarques são feitos pelo terminal A. As partidas de aeronaves da maior parte das companhias aéreas internacionais, incluindo as brasileiras TAM e VARIG, são feitas pelo terminal A. Os vôos da Aerolíneas Argentinas são feitos a partir do terminal B e vôos domésticos pelo terminal C.

Para os vôos domésticos é utilizado o Aeroparque – Aeroporto Jorge Newbery (4514-1515), localizado a 4 km do centro, no Parque Palermo.

Os principais serviços de locomoção de Ezeiza até a capital federal são:

Ônibus de Linha

Você pode optar por um ônibus de linha (línea 86) para sair ou chegar ao aeroporto de Ezeiza. Existem duas modalidades: "común" e "diferencial" (ônibus). É barato, mas não tome nenhum deles se você tiver muita bagagem. Esses ônibus deixam-no em diversos pontos do centro da cidade.

Linea 86
✉ Eva Perón 7421
☎ 4687-1277

Ônibus Executivo

Ônibus executivos servem o aeroporto de Ezeiza e levam passageiros ao centro da cidade, ao Aeroparque e a algumas cidades próximas. Os carros da empresa Manuel Tienda León que levam ao centro partem a cada meia hora desde às 6h e até a 0h45 e chegam na

Aeroporto

Av. Santa Fé, próximo à Plaza San Martín, 45 minutos depois. Para o aeroporto, partem a partir das 4h e o último carro sai do centro às 23h55. O preço do trajeto é de $26, mas você pode economizar comprando um bilhete de ida e volta, que sai por $47. Para tomar o ônibus de volta ao aeroporto, no terminal da Av. Santa Fé, chegue com uma antecedência mínima de 30 minutos. Se necessitar de maiores informações ou quiser adquirir sua passagem antecipadamente, consulte a empresa:

Manuel Tienda León
✉ Santa Fé 790
☎ 4314-3636/4315-5115/0800-70078
www.tiendaleon.com.ar

Remises

Uma boa opção para quem quer evitar os táxis e tem pressa é utilizar um remis, um carro de aluguel com motorista. Ao contratar o serviço, o cliente combina antecipadamente horário, local e valor da corrida. Entre o aeroporto e o centro da cidade uma corrida custa em torno de $40. Confira abaixo uma lista de empresas que prestam serviços no aeroporto. Neste guia, na seção Transportes urbanos há uma relação de outras empresas de remises que podem ser contactadas.

Manuel Tienda León
✉ Santa Fé 790
☎ 4314-3636/4315-5115/0800-70078
www.tiendaleon.com.ar

Vip Cars
☎ Terminal A - 5480-4594
☎ Terminal B - 5480-4590

Aeroporto

Táxis

Tome os táxis padronizados, pintados de preto e amarelo. Eles utilizam o taxímetro, o que custa cerca entre $35 e $40 até o centro da cidade. Tome cuidado com os motoristas que se oferecem na saída do aeroporto e recuse ofertas que lhe parecerem tentadoras. Há um serviço de táxi especial (A.P.T.A.) logo na porta de desembarque. Por $35 + pedágio ($2,70), pagos no próprio aeroporto, você se livra do taxímetro e pode até pagar com cartão de crédito.

Companhias Aéreas

Confira os números de telefone das principais companhias aéreas:

Aerolíneas Argentinas
✉ Peru 1
☎ (54 11) 4340-7777
☎ Ezeiza: 0810-22286527
www.aerolineas.com.ar

American Airlines
✉ Suipacha 1111, P. 23
☎ (54 11) 4318 1111
www.aa.com

Buenos Aires vista do rio

Aeroporto

British Airways
✉ C. Pellegrini 1163, PB
☎ (54 11) 4320 6600
www.britsh-airways.com

Gol
☎ 0810-266-3232
www.voegol.com.br
contactenos@golnaweb.com.br

Tam
✉ Cerrito 1026 (Retiro)
☎ 0810-333-3333, 4819-6950
☎ Ezeiza: 5480-5000

United Airlines
✉ Av. Eduardo Madero 900
☎ 4316-0777

Varig
✉ Cordoba 972, 3° e 4° andares (San Nicolás)
☎ 4329-9211
☎ Ezeiza: 5480-8022
www.varig.com.br

Bancos

Boa parte dos bancos argentinos abre das 10h às 15h. As casas de câmbio funcionam normalmente até as 16h. Algumas permanecem abertas até as 18h. Pode-se encontrar diversos bancos brasileiros em Buenos Aires. Eis uma relação:

Banco do Brasil
✉ Sarmiento 487 (San Nicolas)
☎ 4394-9577
🚇 Linha B Estação Uruguay

Banespa
✉ Tucumán 821 (San Nicolas)
☎ 4325-9533 Fax: 4325-9527
🚇 Linha C Estação Lavalle.

Bradesco
✉ 25 de Mayo 555 - 7º Piso
☎ 4114-6100

Itaú
✉ Corrientes esq. Florida (San Nicolas)
☎ 4857-4828
🚇 Linha B Estação Florida
O Itaú possui mais de 40 agências e cerca de 300 caixas eletrônicos em Buenos Aires.

Real
✉ San Martín 480 (San Nicolas)
☎ 4394-1534
🚇 Linha B Estação Florida

Bares e Cafés-Concerto

A oferta de lugares para se divertir, beber e dançar em Buenos Aires é tanta que se reflete também neste guia. Os endereços aqui estão divididos em vários verbetes. Neste, apresentamos lugares para beber e ouvir algum show ao vivo. Mas não deixe de conferir outras opções. Há sugestões também em Cafés, Dançar, Tango e Teatro e Casas de shows.

Barbaro
✉ Tres Sargentos 415 (Retiro)
◆ 4311-2209
O Barbaro tem mais de trinta anos e é um dos mais tradicionais bares de Buenos Aires.
⌚ Abre às 19h.

Bar Suarez
✉ Lavalle 801 (San Nicolas)
◆ 4322-9211
Bar tradicional, com mais de 50 anos. Apresenta shows ao vivo, principalmente de jazz.

Buenos Aires News
✉ Av. Del Libertador 3883 - Paseo de La Infanta Isabel (Palermo)
◆ 4778-1500/4778-0546/4778-0665
Um dos lugares mais badalados de Buenos Aires, é um complexo de pubs, boliches e restaurantes freqüentado por gente bonita e pelos portenhos mais aquinhoados. Apresenta shows e desfiles de moda.
⌚ Abre às 20h e só fecha quando sair o último cliente. O Café funciona 24h.

Bares e Cafés-Concerto

Café Molière
✉ Balcarce com Chile (San Telmo)
☎ 4343-2623/4343-2879
Uma antiga fábrica restaurada. Restaurante. Pub. Shows.
🕒 Abre a partir das 22h.

Café Remis París
✉ Rodrigues Peña 1032 (Recoleta)
☎ 813-5915
Bar calmo, para ouvir tendências mais modernas de jazz. Os freqüentadores, na maioria jovens, costumam ir ao bar antes e depois da disco.

Clark's
✉ Sarmiento 645 (San Nicolas)
☎ 4325-1960 Fax: 4325-9727
Bar tradicional, inaugurado em 1960, reúne basicamente executivos principalmente para a happy hour.

Clásica Y Moderna
✉ Callao 892 (Congreso)
☎ 4812-8707
Famosa livraria, é também café e espaço de arte. Freqüentada por intelectuais, estudantes, homens e mulheres elegantes.
🕒 *Abre das 8h às 2h.*

Concert Lounge Bar
✉ Corrientes 1218, no Teatro Concert (San Nicolás)
☎ 4384-8279
O bar funciona no Teatro Concert. Durante a noite os freqüentadores são surpreendidos por performances teatrais. Há festas nos finais de semana.

Bares e Cafés-Concerto

Dadá
✉ San Martín 941 (Retiro)
☏ 4314-4787
Bar casual, para se ouvir música dos anos 50, jazz e hip hop e avançar madrugada adentro.

Deep Blue
✉ Ayacucho 1240 (Barrio Norte)
☏ 4827-4415
Para comer, beber e jogar sinuca.

Druid In
✉ Reconquista 1040 (Retiro)
☏ 4312-3688
Uma autêntica public house. Bom whisky, cervejas e música celta.

Hard Rock Café
✉ Pueyrredón 2501, no Buenos Aires Design Center (Recoleta)
☏ 4807-7625/4806-1111
Filial argentina da célebre rede americana, o espaço apresenta uma exposição permanente de objetos de astros do rock e um palco onde são apresentados shows. O público é formado basicamente por adolescentes.

La Cigale
✉ 25 de Mayo 722 (San Nicolas)
☏ 4312-8275
Lounge barulhento que reúne apreciadores de música tecno. Durante a noite há esquetes de artistas circenses.
⏰ Abre diariamente a partir das 18h.

La Trastienda
✉ Balcarce 460 (San Telmo)
☏ 4342-7650
⏰ Abre a partir das 22h30.
Baile de tango. Shows.

Bares e Cafés-Concerto

Mundo Bizarro
✉ Guatemala 4802 (Palermo Viejo)
Como o nome promete, este é um bar obscuro, estética voodoolounge em que se encontram as coisas mais bizarras e algumas projeções de filmes B. O público é eclético e reúne desde alternativos até yuppies. Bom lugar para tomar uma Margarita antes de uma discoteca.

Notorius
✉ Callao 966 (Barrio Norte)
☎ 4813-6888
Bar de jazz tradicional na cidade. Possui um espaço para venda e audição de CDs.

Oliverio Allways
✉ Callao 360 (Congreso)
☎ 4370-1688/4384-6575
A casa funciona no subsolo do Hotel Bauen. Tem duas salas e oferece shows de tango, blues, jazz e música latino-americana de vanguarda, muitas vezes com toda essa variação na mesma noite. Pelo Oliverio já passaram nomes famosos, como o do trompetista Wynton Marsallis.
⌚ Abre de quartas a domingos, a partir das 21h.

Opera Prima
✉ Paraná 1259 (Recoleta)
☎ 4812-8271/4812-8267
É basicamente um café. Apresenta shows e concertos de jazz, blues e bossa nova nos finais de semana.

Seddón
✉ Defensa esq. Chile (San Nicolás)
☎ 4313-0669
Pub decorado com antiguidades, reúne um dos públicos mais cosmopolitas de Buenos Aires. Nas terças-feiras oferece aulas de tangos e nos finais de semana shows de blues e jazz.

Bares e Cafés-Concerto

🕒 Abre de segundas a sextas, a partir das 18h e aos sábados a partir das 22h.

The Kilkenny
✉ M. T. de Alvear 399 (Retiro)
☎ 4312-7291
Um original pub irlandês, com decoração típica, grande variedade de whiskies e, claro, cervejas. Muitas e variadas cervejas, incluindo a Guinness. Abre pela manhã e fecha somente na madrugada. Música celta ambiental e, eventualmente, ao vivo.

The Roxy Bar
✉ Gorriti 5568 (Palermo)
☎ 4777-1230
Bar freqüentado por público jovem e animado. Oferece atrações diversas, dependendo do dia da semana, que variam dos jogos eletrônicos até telões que retransmitem jogos de futebol e música eletrônica com DJs convidados.
🕒 Abre diariamente.

The Shamrock
✉ Rodrigues Peña 1220 (Recoleta)
☎ 812-3584
Pub em estilo irlandês. Boa música britânica e irlandesa e cerveja Guinness até as 23h. Depois disso, a atração é a mesma mas há uma cobrança de consumação. O público é basicamente de bebedores de cerveja na faixa dos 25 a 30 anos. Abre às 18h durante a semana e às 20h nos sábados e
🕒 domingos.

Voodoo
Báez 340 (Las Cañitas).
✉ 4772-2453
☎ *Lounge. Funk, hip-hop, house e disco. Nas terças-feiras, shows de jazz.*

Brasileiros

Consulado Geral em Buenos Aires
Carlos Pellegrini 1363 - 5º Piso (Retiro)
4515-6500 - Fax: 4508-6520
Atendimento ao público: Dias úteis, das 10 às 16h.
Atendimento 24 horas: 4401-1172

Embaixada Brasileira em Buenos Aires
Cerrito 1350 (Retiro)
4815-8735 a 8742
FAX: 4814-4689.
Em Buenos Aires, o Brasil tem um dos endereços mais vistosos da cidade e que faz parte do roteiro turístico de qualquer estrangeiro. O Palácio Pereda (Arroyo, 1130), residência do Embaixador brasileiro em Buenos Aires está localizado na Plazoleta Carlos Pellegrini, na confluência de três ruas: Arroyo, Libertad e Alvear, no Retiro. Infelizmente o prédio não está aberto à visitação pública.

Galerías Pacífico

Cafés

Os cafés são uma das melhores tradições portenhas. Há uma infinidade deles em Buenos Aires e você vai encontrar diversos em um pequeno percurso. Alguns, no entanto, são obrigatórios. Confira abaixo uma listagem básica dos melhores cafés portenhos.

Convém lembrar que diversos cafés oferecem também bons cardápios. Se a idéia for um desayuno (café da manhã) ou um lanche rápido, peça uma medialuna (croissant) ou um tostado (a nossa torrada). A maioria dos cafés abre pela manhã e fecha tarde da noite. A qualquer hora, você pede um café, abre um jornal e... aproveite, fique sentado o quanto quiser, ninguém irá perturbá-lo, muito menos o "mozo" (garçom).

Café de La Paix
✉ Quintana 595 (Recoleta)
☎ 4804-6820

Elegante e agradável, com mesas na calçada numa esquina em frente à Plaza Alvear. Excelente vista da praça e da igreja de Pillar.

Café Tortoni
✉ Av. de Mayo 829 (Montserrat). Há uma entrada pela Rivadavia 826
☎ 4342-4328
🕐 Abre diariamente.

O Gran Café Tortoni é o mais famoso e o mais antigo da cidade, (foi fundado em 1858) e simboliza tudo o que pensamos e imaginamos de Buenos Aires, ainda que, pouco a pouco, essa cidade vá mudando. Não o Tortoni. O café deslumbra qualquer um e dá a impressão de que todos por ali passaram (Borges, Gardel e tantos outros) deixaram um átomo que seja pelo ar.

Fantasmas à parte, o Gran Café Tortoni tem uma vida noturna ativa. Apresenta diariamente atrações especiais de

Cafés

tango e jazz e cobra consumação nas salas em que apresenta os shows (Normalmente $10 a $15). Chegue cedo se for assistir a algum ou em qualquer horário para tomar um café, apreciar a decoração ou simplesmente para jogar bilhar.

Confitería Ideal
✉ Suipacha 384 (San Nicolas)
☎ 4605-8234/4683-3070/4553-2466

Café centenário que conserva a belíssima decoração original, com enormes balcões de vidro. Ainda que já um pouco decadente, vale a pena sentar e ouvir um tango nos finais de tarde e se deixar levar pelo ambiente. Aos sábados, no primeiro piso, a partir das 22h, realiza-se o baile "La Milonga Ideal".

Dorrego
✉ Defensa com Humberto I, Plaza Dorrego (San Telmo)

Localizado junto à praça onde é realizada a Feira de San Telmo, o café é tradicionalíssimo e, vale a pena - se você conseguir atravessar a montanha de cascas de amendoim torrado que se acumulam pelo chão desde o início do dia - sentar-se em uma mesa junto à janela e pedir seu cortado.

Florida Garden
✉ Florida 899 (Retiro)
☎ 4312-7902

Lugar badalado, dos mais tradicionais da Florida, próximo a Plaza San Martin. Não deixe de visitá-lo depois de um passeio ou das compras e pedir uma medialuna.

Foro Ghandi
✉ Corrientes 1743 (San Nicolas)
☎ 4371-8373

Misto de café, livraria e casa de espetáculos, é o preferido dos estudantes. Possui uma loja de CDs.

Cafés

La Biela
✉ Quintana 596 (Recoleta)
☎ 4804-4135/4804-0449
Um dos mais charmosos cafés de Buenos Aires, é freqüentado por artistas, intelectuais e pela elite portenha. Café com mesas ao ar livre localizado em frente à Plaza Alvear.

La Imprenta
✉ Migueletes 868 (Las Cañitas)
☎ 4776-2836/4777-8205
Café informal, estilo rústico mas um pioneiros deste que é um dos bairros mais importantes da gastronomia portenha.

Liberarte
✉ Corrientes 1557 (San Nicolás)
☎ 4371-7098/4375-2341
Café, livraria e shows.

Petit Colón
✉ Libertad 505 (Tribunales)
☎ 4382-7306
Vizinho do Teatro Colón, o café conserva durante o dia um pouco da atmosfera dos anos 20. À noite oferece recitais de tango.

Richmond
✉ Florida 468 (San Nicolas)
☎ 4322-1341
Café requintado, fundado há cerca de 80 anos, com ares londrinos, é tradicional na cidade. Aceita cartões de crédito e oferece um menu executivo ao meio-dia. Seja como for, não deixe de provar a torta da casa.

Calles e Avenidas

Aqui estão relacionadas as principais ruas e avenidas com interesse turístico.

9 de julio

A Av. 9 de Julio liga a Plaza Constitución e os bairros ao norte de Buenos Aires. Existem diversas atrações para os turistas que a percorrem, além, é claro, do Obelisco, no ponto central da avenida que é considerada a mais larga do mundo, com 140 metros de largura.

Alvear

A Av. Alvear (de Cerrito até a Plaza Alvear, na Recoleta) é uma das mais elegantes da cidade. Nela estão localizados vários palácios com linhas de influência marcadamente francesa. Não deixe de visitar os arredores do cruzamento de Alvear com a Calle Libertad. Ali estão o monumento ao ex-presidente Carlos Pellegrini, as embaixadas do Brasil e da França e o prédio do Jockey Club.

Cabildo

Elegante avenida de Belgrano, ótima opção para compras de roupas de grifes famosas a preços mais baixos que os dos shoppings.

Caminito

Essa rua, de cem metros de extensão, considerada um museu, foi originalmente uma curva da rede ferroviária. Ao abandonar o uso da linha, em 1954, um pintor chamado Benito Quinquela Martín, juntamente com um grupo de artistas de La Boca, decidiu criar uma rua-museu, ou calle-museo. Ali pode-se ver obras de importantes artistas plásticos argentinos e as tradicionais casas coloridas feitas de chapas de aço.

✉ Pedro de Mendoza esq. Valle Iberlucea (La Boca)
🕐 A feira do Caminito funciona todos os dias de 10h às 18h.
🚌 20, 29, 33, 53 e 64

Calles e Avenidas

Corrientes

A Calle Corrientes ficou celebrizada pelo tango de Carlos Lenzi que iniciava com "Corrientes 3-4-8". É um programa obrigatório e deve-se cumpri-lo no mínimo duas vezes: durante o dia e à noite. Ali concentra-se um comércio variado e ótimas livrarias, teatros e lojas de discos. A avenida passa agora por um grande processo de revitalização.

Linha B Estações Florida, Carlos Pellegrini, Uruguay e Callao

De Mayo

É a avenida que liga a Plaza de Mayo à Plaza del Congreso. Inaugurada em 9 de julho de 1894, a Av. de Mayo é fundamentalmente inspirada em Paris mas conserva uma variedade de estilos que incluem o Luís XIII, art nouveau, art déco e renascentista italiano. No início da avenida, ao lado do Palácio Municipal (Intendencia Municipal), está o edifício que foi sede do jornal La Prensa, em estilo francês. Na esquina da Rua Perú, desça as escadas da estação Perú do subte que está decorada como na época de sua inauguração, em 1913, e conserva ainda trens de madeira, em uso e originais da época. Ainda na esquina da Rua Perú está o prédio que abriga o Bar London City, lugar escolhido por Cortázar para cenas de sua novela Los Premios. Seguindo pela Av. de Mayo, no número 825, está o mais antigo café da cidade, o Café Tortoni. Veja um roteiro completo no início do guia (Congreso e Av. de Mayo).

Florida

A Florida já não é mais a rua mais charmosa de comércio de Buenos Aires nem a pacata rua em que o tenor Enrico Caruso costumava passear a cavalo em suas idas à Buenos Aires. Por ali hoje circulam 1,2 milhão de pessoas diariamente e a calle tem sofrido com isso. Lojas de apelo mais popular ocupam espaço

Calle Florida

Calles e Avenidas

de antigas lojas tradicionais. Mas as que restaram ainda garantem um glamour todo especial à velha calle que agora passa por uma recuperação.

A maioria das lojas funciona até tarde e algumas atrações são imperdíveis como a livraria El Ateneo, a Tower Records, as Galerías Pacifico e cafés como o Richmond e Florida Garden. Veja na seção de mapas (pág. 139) um com os principais endereços da Florida. Não se acanhe, anote também os seus preferidos.

Garibaldi

Rua típica de La Boca que conserva muito da origem portuária da cidade, com suas casas de chapas e balcões de ferro.
✉ Entre Caminito e Calle Magallanes (La Boca)
🚌 20, 29, 33, 53 e 64

Lavalle

No trecho entre 25 de Mayo e Carlos Pellegrini a Lavalle é um "peatonal", ou seja, um calçadão. Concentra muito da badalação dos adolescentes na noite portenha. Há bares, cinemas, cadeias de fast-foods e muito movimento até a madrugada. Na Lavalle há também um grande templo da Igreja Universal que ocupa o que antes era um cinema. Por ironia, a igreja conserva em frente ao prédio uma TV que passa filmes religiosos.
✉ Entre Tucumán e Corrientes (San Nicolas)
🚌 Linha B Estações Uruguay e Callao

Magallanes

Outra rua típica da Boca, concentra diversos antiquários e ateliês de pintores que evocam o passado artístico do bairro.
✉ Entre Garibaldi e P. Mendoza (La Boca)
🚌 20, 29, 33, 53 e 64

Calles e Avenidas

Necochea
Rua da boêmia em La Boca. Possui boas cantinas e pizzarias. Tome muito cuidado ao trafegar a pé por algumas ruas do bairro, a Necochea inclusive, em alguns trechos. A violência tem crescido muito em BA e nos bairros mais pobres, como La Boca, ela se manifesta mais abertamente.

✉ Entre Ministro Brin e Almirante Brown (La Boca)
🚌 20, 25, 29, 33, 46, 53, 54, 64, 129, 152, 154 e 159

Paseo de La Infanta
É um local para visitar à noite. Ali está localizado um complexo comercial e gastronômico montado na parte baixa de pontes de trens que faziam a linha BA até o Pacífico. Veja em Bares, Buenos Aires News.

✉ Del Libertador 3883 (Palermo)
☎ 4476-3612
🚌 34, 130, 160

Pasajes
As "Pasajes" são pequenas travessas que normalmente cortam um único quarteirão e destacam-se pela beleza arquitetônica ou pelo tipo de comércio que ali se instala. Como algumas são utilizadas apenas com propósitos residenciais, nem sempre é possível conhecê-las integralmente. As principais são:

Pasaje de La Piedad
O edifício que ali está localizado começou a ser construído em 1880 e foi o primeiro edifício de apartamentos de Buenos Aires. Em 1905 recebeu o primeiro elevador da cidade. A pasaje é singular devido a sua forma de ferradura. Está localizada diante da Iglesia de La Piedad.

✉ Bartolomé Mitre altura do n° 1.500, entre Paraná e Montevideo (Congreso)

Calles e Avenidas

Pasaje Giuffra

Pequena travessa com construções do final do século passado que conservam o estilo original. Em Giuffra 330 está a Fundación Universidad del Cine.

✉ Defensa e Paseo Colón (San Telmo)

🚌 22, 24, 33, 54, 61, 74, 86, 93, 126, 130, 143, 152, 159

Pasaje Santamarina

✉ Chacabuco 641 e México 750 (San Telmo)

Rue des Artisans

Esta pasaje foi dividida em duas por conta de uma pendenga familiar. Com isso, uma delas (Arenales) tomou ares franceses (Rue des Artisans) e a outra um estilo italiano.

✉ Liga Libertad 1240 a Arenales 1239 (Retiro)

Câmbio

As casas de câmbio podem ser encontradas em bom número ao longo da Calle San Martín, Calle Corrientes, Reconquista, 25 de Mayo, Sarmiento e no calçadão da Florida. Se você quiser garantir algum valor em pesos, pode trocar no guichê do Banco de La Nación já na chegada em Ezeiza.

⏰ As casas de câmbio funcionam das 9h às 18h nos dias úteis. Aos sábados a maioria fecha, mas é possível encontrar algumas abertas entre 10h e 13h.

Cartão de Crédito

Cartão de crédito em espanhol é "tarjeta". Em Buenos Aires quase todas as lojas e restaurantes aceitam cartões. Os endereços das principais operadoras são:

Cartão de Crédito

American Express Card
✉ Arenales 707 (Retiro)
☎ 4310-3333
(54 11) 081045552639 (atendimento 24 hs)
Para comunicar perda de cartão: 4312-1661
🕗 Segunda à sexta das 9h às 18h

Diner's Club
✉ Carlos Pellegrini 1023 (Retiro)
☎ Club Phone: 4708-2484

Mastercard
✉ Peru 151
🕗 Segunda à sexta das 9h30 às 18h
☎ (54 11) 4348 7070

Visa
✉ Corrientes 1437 - 3° piso (San Nicolas)
☎ (54 11) 4379-3400. Para comunicar perda de cartão: 4379-3333 (serviço 24 horas)
☎ Segunda à sexta das 9h às 17h
Para retiradas com cartão Visa, procure, entre outros, o Banco Banelco. São uma centena de caixas eletrônicos 24 horas da Rede VisaPlus

Cinemas

Buenos Aires tem uma grande oferta de cinemas e a lista e a programação pode ser encontrada nos principais jornais da cidade. Um dos lugares que mais concentram salas é o "peatonal" da Lavalle que oferece cerca de 20 salas em uma área de cinco quarteirões. No Puerto Madero há um moderno complexo de salas, próximo ao mais moderno polo gastronômico da cidade. Atente para o fato de que o dique em que estão instaladas as salas fica na altura do bairro de San Telmo. Portanto, uma caminhada desde o centro pode ser cansativa.

Cinemas

Na Recoleta há o moderno complexo Village Recoleta e os shoppings também oferecem boas salas.

E atenção: nos cinemas portenhos boa parte das salas oferece somente filmes dublados.

City Tour

Se você está na cidade e deseja fazer um "city tour" por BA e arredores, eis uma relação de agências que oferecem pacotes diários:

Buenos Aires Tur
✉ Lavalle 1444 (San Nicolas)
📞 4371-2304/4371-2390
Oferece diversos programas, além de uma visita guiada pela cidade: Buenos Aires Noturno, Tigre e Delta do Rio da Prata e Festa Gaúcha (visita a uma estância).

Buenos Aires Visión
✉ Esmeralda 356 Piso 8 sala 27 (San Nicolas)
📞 4394-2986
Oferece dois programas básicos: passeio pela cidade e Buenos Aires Noturno

Buenos Aires Asi
✉ T. de Alvear 624 Piso 2 sala 6 (Retiro)
📞 4315-1460
Oferece os mais variados pacotes, com diversas opções de passeios diurnos e noturnos que incluem caminhadas pela cidade.

Clima

O clima em Buenos Aires é ameno o ano inteiro. O mês mais frio é julho e o mais quente, janeiro. A temperatura média anual é de 18°C.

Compras

Comprar é uma atividade gratificante em Buenos Aires e existem diversas formas para este exercício. A cidade dispõe de ótimas áreas de comércio, shoppings fascinantes e dezenas de Feiras de artesanatos e antiguidades.

Centro Municipal de Exposiciones
Local onde se realizam feiras importantes como a Feria Internacional del Libro e a Expo Mueble.
✉ Alcorta com Pueyrredon (Recoleta)

O comércio abre das 9h às 20h. Nos sábados, das 9h às 13h. Nas grandes avenidas, as lojas ficam abertas toda a tarde. Os shoppings funcionam até às 22 horas.

Discos
Os CDs em Buenos Aires são mais caros que no Brasil, em média. No entanto, existem lojas que valem a pena ser visitadas como a nova Tower Records e as da rede Musimundo.

AM Records
✉ Lavalle 744 (San Nicolas)
☎ 4327-0685
Cds, vídeos e acessórios.

Musimundo
✉ Florida 665 - Megastore (San Nicolas)
☎ 4394-7203/4394-6321
Tem outras lojas em Florida 536, 451 e 265, Corrientes 1750

Compras

em Perú e Av. de Mayo.
Discos, material de informática e ingressos para shows.

Tower Records
✉ Florida 770 (no sub-solo da C&A) (Retiro)
Loja gigantesca e completíssima. CDs livros e vídeos e uma ótima seção de revistas importadas.
⏰ Abre de segundas a sábados, de 9h30 às 21h.

Tower Records
✉ Santa Fé 1883 (Recoleta)
☎ 4815-3700

Zival's
✉ Callao 395 (San Nicolas)
☎ 4374-0675/4371-7500
Especializada em discos de tango

Feiras de Antiquários e Artesanato

Caminito
✉ Calle Caminito (La Boca)
⏰ Diariamente das 10h às 17h.
Artistas plásticos locais

Feria de las Artes
✉ Defensa e Alsina (Plazoleta San Francisco - Centro)
🚇 Linha A Estação Plaza de Mayo e Linha E Estação Bolívar
⏰ Diariamente entre 10h e 17h.
Feira de pintores, desenhistas e fotógrafos.

Mataderos
✉ Lisandro de la Torre com Av. de Los Corrales (Mataderos)
É o melhor lugar para se conhecer a tradição folclórica argentina. No antigo caminho de Los Corrales estão conservados os casarios e os bares.

Compras

A feira acontece aos domingos (a partir das 11h) desde 1986 e oferece atrações como bailes populares, mostras da destreza dos "gauchos" e oficinas de tango. Para comprar, artesanato campeiro, indígena e comidas típicas.

36, 55, 63, 80, 92, 97, 103, 117, 126, 141, 155, 180 e 185

Mercado de las Luces
✉ Perú 272 esq. Alsina (Montserrat). Junto à Manzana de Las Luces
🚇 Linha E Estação Bolívar
🕐 Abre de segundas a sextas das 10h às 19h30 e domingos das 14h às 19h.
Objetos de porcelana, cristais, minerais raros e livros.

Plaza Serrano (Pracinha Julio Cortázar)
✉ Serrano e Honduras
🕐 Sábados e domingos a partir das 12h.
Artesanatos de muitos tipos e roupas com desenhos de vanguarda.

Palermo
✉ Plaza Italia (Palermo)
🚇 Linha D Estação Plaza Italia
🕐 Nos finais de semana.
Bons artigos de couro.

Recoleta
✉ Plaza Alvear (Recoleta)
A feira acontece nos finais de semana junto ao Buenos Aires Design Center. A praça reuniu os primeiros hippies nos anos 70 e hoje oferece aos visitantes roupas de couro, jóias e artesanato em geral.

San Telmo
✉ Plaza Dorrego (San Telmo)
A feira mais famosa de Buenos Aires é uma espécie de mercado das pulgas, com quase 300 bancas, que vendem objetos de todo

Compras

tipo, antigüidades e obras de arte. Para quem não estiver no domingo na cidade, San Telmo oferece diversas lojas nas redondezas da Plaza Dorrego que vendem praticamente os mesmos artigos durante a semana, menos na segunda-feira. A feira ganha um colorido especial na semana de Buenos Aires, no mês de novembro.

* Aos domingos, das 10h às 17h. No mês de abril a feira funciona também aos sábados.

Livrarias

Buenos Aires é o paraíso para um "rato" de livrarias. Comece seu tour pela Calle Corrientes e encante-se com o que vai ver pela frente:

Balzac
✉ Juramento 2047 (Belgrano)
* 4788-0565

Camelot Comics Store
✉ Corrientes 1388 (San Nicolas)
* 4374-6152
Os argentinos têm uma grande produção e consumo de quadrinhos. A Camelot oferece boa quantidade de álbuns argentinos e importados.

Clasica y Moderna
✉ Callao 892
Livraria tradicional, inaugurada em 1938. Ponto de encontro de intelectuais, em 1988 a livraria foi ampliada e os livros dividem hoje o espaço com um café-concerto e o local transformou-se também em espaço de arte.

Distal Libros
✉ Corrientes 913 (San Nicolas)
* 4326-1006
Tem sucursais na Florida 914 e 677.

Compras

Documenta
✉ Córdoba 612 - entrepiso, próximo a Florida (San Nicolas)
☎ 4322-9581/4325-8218
www.documenta.com.ar
Grande variedade de livros e revistas de arte e design gráfico.

El Ateneo
✉ Florida 340 (San Nicolas)
☎ 4325-6801
Fundada em 1912, é a mais tradicional das livrarias portenhas. São quatro andares de livros em um prédio belíssimo. Não deixe de visitar a sessão de guias no subsolo. Tem mais quatro sucursais: Callao 1380, Vuelta de Obligado 2108, Paseo Alcorta e Güemes 987.

El Ateneo Grand Splendid
✉ Av Santa Fé 1860 (Barrio Norte)
É uma megalivraria instalada no prédio do antigo Cine Grand Splendid. São mais de 200 mil livros disponíveis em quatro andares de livraria.

Fausto
✉ Corrientes 1316 (San Nicolas)
☎ 4375-1700
Livraria tradicional em Buenos Aires, tem mais quatro endereços: Corrientes 1243, Santa Fé 1715, Santa Fé 2077 e nas Galerías Pacífico.

Gandhi
✉ Corrientes 1743 (San Nicolas)
☎ 4374-7501 Fax: 4375-3600.
Livraria, café e cds.

Goethe
✉ Lavalle 528 (San Nicolas)
Especializada em livros alemães, oferece também agendas e livros em espanhol e calendários de parede.

Compras

Hernández
✉ Corrientes 1436 (San Nicolas)
☎ 4372-7845 Fax: 4375-3520

Liberarte
✉ Corrientes 1555 (San Nicolas)
☎ 4371-7098
É um centro cultural com espaço para exposições e café.

Librerías Turísticas
✉ Paraguay 2457 (Recoleta)
☎ 4963-2866
Guias turísticos e mapas.

Rodriguez
✉ Florida 377 (San Nicolas)
☎ 325-4992
Tem duas sucursais: Sarmiento 835 e Santa Fé 1649.
www.libreria-rodriguez.com.ar.

Yenny
✉ Nos shoppings Alto Palermo, Patio Bulrich, Abasto, Galerias Pacifico, El Solar de la Abadía, Spinetto e Plaza del Pillar.
☎ 4942-9002
www.yenny.com

Shopping Abasto

Compras

Shoppings e ruas de comércio

Abasto de Buenos Aires
✉ Corrientes, 3247
🚇 Linha B Estação Carlos Gardel
Está localizado no belo prédio, agora restaurado, do antigo mercado do Abasto. A estação Carlos Gardel do subte está integrada ao shopping.

Alto Palermo Shopping
✉ Arenales 3360 (Palermo)
🚇 Linha D Estação Bulnes
É o maior shopping center da cidade. Elegante.

Buenos Aires Design Recoleta
✉ Pueyrredon 2501 (Recoleta). Há uma entrada pela Plaza Alvear
Lojas de decoração, tecidos para móveis, utilidades domésticas. Tem diversos cafés e restaurantes e funciona no subsolo do Centro Cultural da Recoleta.
🚌 10, 17, 38, 59, 61, 62, 67, 101, 102, 108, 110 e 124.

Calle Florida
🚇 Linha B Estação Florida
No centro da cidade, a Florida é uma das principais áreas de compras de Buenos Aires. O comércio é variado e oferece boas lojas de roupas, suvenires e livrarias. Conheça também as lojas das calles Reconquista e Suipacha. Veja na seção Mapas.

Calle Corrientes - Livros e Discos
🚇 Linha B Estações Florida, Pellegrini, Uruguay e Callao
Possui lojas de fábrica onde artigos de vestuário são encontrados a preços mais acessíveis que os da Florida. Na Corrientes existem ainda ótimas livrarias, lojas de discos e alguns dos melhores teatros de BA.

Compras

Chinatown
✉ Calle Arribeños, entre Juramento e Roosevelt (Belgrano)
São cinco quarteirões onde domina o comércio de artigos orientais, principalmente chineses, restaurantes típicos e lojas pitorescas, com informações e letreiros em chinês.

El Solar de la Abadia
✉ Luis María Campos esq. Maure (Palermo)
🕐 Segunda a sexta-feira, das 9h às 23h, e nos finais de semana até a meia-noite.
Pequeno centro de compras localizado no prédio restaurado de uma antiga fábrica.

Galerías Pacífico
✉ Florida 735/750 esq. Córdoba (Retiro)
🚇 Linha C Estação Lavalle e Linha B Estação Florida
Construído em 1896 e só concluído em 1905, o edifício, hoje restaurado, abriga um belo shopping center. Nas Galerías Pacífico pode-se comprar bom vestuário de grifes argentinas e internacionais, perfumes e discos. No último andar do prédio funciona o Centro Cultural Borges, um espaço para mostras e uma exposição permanente de objetos e fotos de Jorge Luis Borges.

Galería La Defensa
✉ Defensa 1179 (San Telmo)
Prédio de linhas italianas construído em 1880. Foi residência da família Ezeiza e hoje é um centro comercial. O prédio fica próximo a Plaza Dorrego e abriga boas lojas de antiquários.

Golden Shopping
✉ Acoyte 52 (Caballito)
Lojas de departamentos elegantes.

Compras

Paseo Alcorta
✉ Jerónimo Salguero, 3172 (Palermo)
🚇 Linha D Estações Bulnes ou Canning
🕐 Diariamente, das 10h às 22h.

Patio Bullrich
✉ Entradas por Posadas 1245 ou Libertador 750 (Recoleta)
🕐 Segunda a Sábado, das 10h às 21h e domingo das 12h às 21h
Shopping mais sofisticado da cidade, ocupa um prédio centenário que foi uma importante casa de leilões rurais de BA. Possui um grande número de lojas de grifes, um amplo setor de alimentação e seis cinemas.

Plaza Liniers Shopping
✉ Ramón L. Falcón 7115 (Liniers)
🕐 Segunda a Quinta, das 10:00 às 21:00 e de Sexta a Domingo das 12:00 às 22:00
🚌 1, 2, 4, 21, 28, 34, 46, 80, 86, 104, 106, 117, 153 e 185

Village Recoleta
✉ Vicente López, 2050 (Recoleta)
Roupas de couro e peles.

Roupas de Couro e Peles
Av. Rivadavia, Av. Pueyrredin, Tucumán e Av. Callao, no Bairro Once.

Compras

Vinho

O vinho argentino tem crescido em qualidade e a Argentina já é o quarto maior exportador de vinhos do mundo. Os que mais se destacam são os da região de Mendoza, especialmente a uva Malbec. Para comprar vinhos em Buenos Aires uma boa opção é a

Savoy
✉ Callao 35, San Nicolas

Correios

Existem agências do "Correo" por toda a cidade. O edifício central é muito bonito e está localizado na Sarmiento 189 (San Nicolas). Outras duas agências fáceis de encontrar estão nas esquinas de Solís e Hipolito Yrigoyen, próximo à Plaza del Congreso, e na Florida, entre Córdoba e Paraguay.

Patio Bulrich

Dançar

No início de 2005 o incêndio da casa noturna Cromagnon que vitimou 193 pessoas, fez com que mudanças profundas ocorressem na vida noturna de Buenos Aires. O governo aumentou as exigências e apertou a fiscalização nos locais para dançar na cidade. Com o custo mais alto, metade das casas fechou as portas e outras ainda dependem de uma habilitação para funcionar. As que permaneceram abertas aumentaram os preços e a noite ficou mais cara.

Os portenhos que saem para dançar o fazem muito tarde. Nada acontece antes de 1h da manhã. Mais recentemente alguns bares têm se tornado uma espécie de pré-dancing, ou seja, oferecem um espaço para dança, que é ocupado até as 3h da madrugada quando, então, seus freqüentadores debandam para as discos. Prepare-se, portanto, fisicamente para esta temporada em Buenos Aires.

Não esqueça de confirmar sempre pelo telefone as informações e preços. Consulte também, se for de seu interesse, a seção específica para gays e sex shows.

Big One
✉ Alsina 938 (Congreso)
☎ 334-0097
⏰ Abre somente aos sábados, a partir de 1h.
Espaço monumental com ampla pista de dança e galerias.
House music. No local funcionava a Disco L'Infierno.

Brujas
✉ Serrano 1640 esq. Honduras (Palermo Viejo)
☎ 4831-3712
Dois pisos com música dos anos 80 e temas latinos.
⏰ Diariamente a partir das 23h.

Buenos Aires News
✉ Av. Del Libertador 3883 - Paseo de La Infanta Isabel (Palermo)
☎ 4778-1500/4778-0665

Dançar

Complexo de pubs, bares e restaurante que reúne um público de várias faixas etárias: Club X (rock & roll), Patio Central (para jantar), News Café (café), El Reino (dançar) e Gitana (dançar).

⏰ O restaurante abre de terças a domingos às 21h. A disco abre nas quintas, sextas, sábados e domingos a partir de 1h30.

Ingressos entre $15 e $25.

Caix
✉ Salguero e Costanera Norte (Costanera Norte)
☎ 4806-9749
House music e hits dos anos 80.
⏰ Abre sextas e sábados a partir da 1h. O ingresso custa, em média, $15 para homens e $10 para mulheres.

Cemento
✉ Estados Unidos 1234 (Constitución).
☎ 4304-6228
⏰ Abre nas sextas e sábados.
Templo do rock na Argentina. Shows de punk, heavy metal e bandas argentinas.

El C.O.D.O.
✉ Guardia Vieja 4085 (Almagro)
☎ 4867-0268
Shows ao vivo. Música latina, jazz e bossa nova.
⏰ Abre a partir das 23h.
Entrada a $15 para homens e $10 para mulheres.

Coyote
✉ Av Presidente Perón 3450 (San Martín)
☎ 4724-0251/4754-9307
⏰ Abre sextas e sábados.
Megadiscoteca e restaurante mexicano. Música varia da salsa ao rock.

Dançar

El Living
✉ Marcelo T. Alvear 1540 (Retiro)
☎ 4811-4730/4815-3379
Ambiente acolhedor, freqüentado por um público de diversas faixas etárias, intelectuais e underground. Som pop, dance music e funky. Funciona de quintas a sábados e oferece além do pitoresco bar, mobiliado com poltronas e sofás, pista de dança e mostras de arte.
⏰ Abre quintas, sextas e sábados às 22h e fecha às 6h.
Ingresso $10 a $15.

K2
✉ Av. de Mayo 948
Música tecno, anos 80 e 90.
Preços entre $10 e $15.
⏰ É uma disco after hour, que funciona depois das 6h30 da manhã.
No mesmo local funcionava a El Pantheon.

La Diosa
✉ Av. Rafael Obligado s/n (Costanera Norte)
☎ 4806-1079
Mistura de restaurante, discoteca e casa de shows.
⏰ Abre de quartas a domingos, às 21h (Restaurante) e às 0h30 (disco).

Mais Um
✉ Alberdi 2829 (Flores)
☎ 4613-2983
É o espaço da música brasileira em Buenos Aires. Samba, pagode, forró e até músicas de carnaval, tudo regado a caipirinha e capeta.
⏰ Quintas a sábados, a partir de 1h.

Dançar

Niceto
✉ Niceto Veja 5511 esq Humbolt (Palermo Viejo)
☎ 4772-7582
🕗 Abre de quintas a domingos às 21h.
Entrada: $15 e $25
Lugar para jantar, beber, assistir a shows de jazz e dançar.

Pachá (Club Land Pachá)
✉ Av. Costanera Norte esq. Pampa (Costanera Norte)
☎ 4788-4280/4788-4288
Maior Disco de Buenos Aires. House music e tecno. Construção em estilo mediterrâneo nos moldes do famoso Ibiza.
🕗 Abre sextas e sábados e recebe público diverso (alguns alternativos) na faixa dos 20 e 30 anos.
Consumação varia de $10 a $20, dependendo da atração.

Puente Mitre
✉ Sarmiento esq. Cáceres (Arcos de Sol, Palermo)
☎ 4806-0022
Público na faixa até os 30 anos. Possui dois restaurantes que abrem a partir das 21h. Depois da 1h transforma-se em discoteca.
🕗 Abre sextas e sábados.
Entrada $15 (homens) e $10 (mulheres).

E

Eletricidade

A voltagem em BA é de 220 volts.

Feriados

O comércio e as repartições fecham no Ano Novo, Páscoa e Natal. A maior parte dos shoppings, serviços públicos e restaurantes costuma ficar aberta nos outros feriados:

1º de maio - Dia do Trabalho. Fixo.
25 de maio - 1º Governo Pátrio. Fixo.
2 de abril - Dia das Malvinas. Transferível.
20 de junho - Dia da morte do Gen. Manuel Belgrano. Transferível.
9 de julho - Dia da Independência. Fixo.
17 de agosto - Dia da morte de José San Martín. Transferível.
12 de outubro - Dia das Raça. Transferível.
8 de dezembro - Dia da Imaculada Conceição. Fixo.
Outras datas importantes:
10 de novembro - Dia da tradição. A data marca o nascimento de José Hernández, o célebre autor de "Martín Fierro".
11 de dezembro - Dia nacional do tango.
25 de dezembro - Natal

Futebol

Os principais clubes de futebol de Buenos Aires são:

Club Argentino Juniors
✉ Boyacá 2152 (Villa Mitre)
☏ 4551-8202/4551-8192

Club Atletico Boca Juniors
✉ Brandsen 805 esquina Del Valle Iberlucea (La Boca)
☏ 4362-2260/4362-2551/4362-2050 Fax: 4362-8884
É o clube mais popular da Argentina. Seu estádio, La Bombonera, é uma das principais atrações de La Boca, mesmo para quem não gosta de futebol. Inaugurado em 1940, o estádio recebeu esse nome por parecer, do alto, uma caixa de bombons.
🚌 v 25, 33, 46, 86 e 97

Futebol

Club Atletico River Plate
✉ Figueroa Alcorta esq. Udaondo (Nuñez)
☏ 4785-1019
Tradicional rival do Boca. Seu estádio é o "Monumental".

Club Atletico Vélez Sarsfield
✉ Juan B. Justo 9200 (Liniers)
☏ 4641-5663

Club Atletico Independiente
✉ Alte. Cordero 751/83 (Avellaneda)
☏ 4201-7027/4201-7809

Edificio Catalinas

Torre Monumental

Gays

A "movida gay" portenha é das mais ativas. Veja a lista abaixo e confira também a seção Sex shows.

Amerika
✉ Gascón 1040 (Palermo)
☏ 4865-4416
⏰ Abre aos sábados à 1h.

Bach Bar
✉ Cabrera 4390 (Palermo)
Shows transformistas. Maioria do público é feminino.

Contramano
✉ Rodriguez Peña 1082 (Retiro)
⏰ De quartas a domingos a partir da meia-noite.
Piano-bar, shows de tangos e bailes.

Palácio
✉ Alsina 938 (Montserrat)
☏ 4334-0097
⏰ Funciona nas sextas-feiras e domingos.

Tacla
✉ Charchas 2626 (Palermo)
☏ 4966-1909
Pub, disco e shows. Somente para mulheres.
⏰ Abre diariamente a partir das 18h.

Titanic
✉ Callao 1156 (Recoleta)
☏ 4816-1333
Pub, café e pré-dance.

Gorjetas

As "propinas" nos restaurantes de BA normalmente são de 10%. Nos táxis elas já estão incluídas e nos demais lugares ficam a critério do cliente.

Horários

O horário em Buenos Aires corresponde ao de Brasília. Nos meses de verão, os portenhos adotam horário de verão, que tem datas de início e fim variáveis.

O horário do expediente portenho é normalmente das 9h às 20h e aos sábados de 8h30 às 13h. Os shoppings abrem às 10h, mas tem horário variado para fechar, pode ser 21, 22, 23 ou até mesmo 24h.

Os bancos funcionam das 10h às 15h. Alguns fecham às 16h.

Os portenhos costumam jantar tarde, entre 21h e 22h. Não saem antes de 23h, os lugares animam-se na madrugada, principalmente nos circuitos freqüentados por jovens e turistas, e as festas muitas vezes terminam somente pela manhã.

Hospedagem

Albergues
Asociación Argentina de Albergues de la Juventud
✉ Brasil 675
☎ 4300-9321 Fax: 4476-1001.

Apart-Hotéis
Apart Hotel Cabildo Suites
✉ Cabildo 1950
☎ 4780-1900 Fax: 4780-3200
cabildostvendas@orho-hoteles.com.ar
www.ohro-hoteles.com.ar

Apart Hotel Recoleta
✉ Gen. Guido 1984
☎ 4801-8003 Fax: 4804-6196
hotel@apartrecoleta.com.ar
www.apartrecoleta.com.ar

Hospedagem

Arenales Apart Hotel
✉ Arenales 2580
☎ 4892-2772
arenales@hotelnet.com.ar
www.arenales.com.ar

Best Western Art Déco Apart
✉ Libertad 446
☎ 4383-2878
artdecoapart@advancedsl.com.ar
www.artdecoapart.com.ar

Best Western Embassy All Suites
✉ Av. Córdoba 860
☎ 4322-1228 Fax: 4322-2337
bestwesternembassy@arnet.com.ar
wwwbestwesternembassy.com.ar

Broadway All Suites
✉ Corrientes 1173
☎ 4378-9300
hotel@broadway-suites.com.ar
www.broadway-suites.com.ar

Catalinas Suites
✉ Tucumán 313
☎ 4314-1400
reservas_catalinas@yahoo.com.ar
www.hotelnet.com.ar

Loisuites Esmeralda
✉ M. T. de Alvear 842
☎ 4131-6800
edesmare@loisuites.com.ar
www.loisuites.com.ar

Hospedagem

Trianon Residence
✉ Callao 1869
☎ 4811-3601
info@trianon.com.ar
www.trianon.com.ar

Tulip Inn America Studios All Suites
✉ Uruguay 847
☎ 4814-2060
america@hotelnet.com.ar
www.goldentulip.com

Viamonte Suites Apart Hotel
✉ Viamonte 1373
☎ 4371-9993 Fax: 4373-4666
hotel@viamontesuites.com.ar
www.viamontesuites.com.ar

Hotéis

Observe algumas peculiaridades dos hotéis portenhos. Lá os quatro estrelas equivalem a um três estrelas brasileiro. Já a oferta de hotéis cinco estrelas é das melhores.

O preço dos serviços, de modo geral, é alto, portanto, evite gastos como refeições e telefonemas nos hotéis.

★★★★★

Alvear Palace Hotel
✉ Alvear 1891 (Recoleta)
☎ 4808-2100/45 Fax: 4804-0034
info@alvearpalace.com
www.alvearpalace.com

Caesar Park Buenos Aires.
✉ Posadas 1232 (Recoleta)
☎ 4819-1100 Fax: 4819-1121
www.caesarpark-argentina.com

Hotéis

Claridge Hotel
✉ Tucumán 535 (San Nicolás)
☎ 4314-7700/8025 Fax: 4314-8022
www.claridge.com.ar

Crowne Plaza Panamericano
✉ Carlos Pellegrini 551
☎ 4348-5000 Fax: 4348-5250
hotel@crowneplaza.com.ar
www.crowneplaza.com.ar

Emperador
✉ Av. Del Libertador 420
☎ 4131-4000
info@hotel-emperador.com.ar
www.hotel-emperador.com.ar

Hilton Buenos Aires
✉ Av. Macacha Güemes 351 (Puerto Madero)
☎ 4891-0000 Fax: 4891-0001
reservationsba@hilton.com
www.hilton.com

Inter-Continental
✉ Moreno 809 (Monserrat)
☎ 4340-7100 Fax: 4340-7199
www.buenos-aires.intercontinental.com

Libertador Kempinsky
✉ Córdoba 680
☎ 4322-2095/8395 Fax: 4322-9703

Loisuites Recoleta Hotel
✉ Vicente López 1955
☎ 5777-8950
recoleta@loisuites.com.ar
ww.loisuites.com.ar

Hotéis

Marriott Plaza
✉ Florida 1005 (Retiro)
☎ 4318-3000 Fax: 4318-3008
Prédio inaugurado em 1909, construído com influências marcadamente francesas, características da época, uma das atrações arquitetônicas da cidade.

Sheraton Buenos Aires Hotel & Towers
✉ San Martín 1225 (Retiro)
☎ 4318-9000 Fax: 4318-9353

★★★★

Aspen Towers
✉ Paraguay 857
☎ 4313-1919
www.aspentowers.com.ar

Carlton
✉ Libertad 1180 (Retiro)
☎ 4812-0081/85 Fax: 4812-0081
rescarlton@solans.com
www.solans.com

Carsson
✉ Viamonte 650 (San Nicolás)
☎ 4131-3800
info@hotelcarsson.com.ar
www.hotelcarsson.com.ar

Castelar Hotel
✉ Av. de Mayo 1152 (Monserrat)
☎ 4383-5000
reservas@castelarhotel.com.ar
www.castelarhotel.com.ar

Hotéis

El Conquistador Hotel
✉ Suipacha 948 (Retiro)
☎ 4328-3012
mailhotel@elconquistador.com.ar
www.elconquistador.com.ar

Gran Hotel Dorá
✉ Maipú 963 (Retiro)
☎ 4312-7391/95 Fax: 4313-8134
mail@dorahotel.com.ar
www.dorahotel.com.ar

Grand Boulevard Hotel
✉ Bernardo de Irigoyen 432
☎ 5222-9000 Fax: 5222-9010
reservas@grandboulevardhotel.com
www.grandboulevardhotel.com

Grand Hotel Buenos Aires
✉ M. T. de Alvear 767
☎ 4312-3003
hbuenosaires@arnet.com.ar
www.granhotelbsas.com.ar

Hotel de las Americas
✉ Libertad 1020 (Retiro)
☎ 4816-3432
americas@americas-bue.com.ar
www.americas-bue.com.ar

Hotel Dolmen
✉ Suipacha 1079 (Retiro)
☎ 4315-7117
info@hoteldolmen.com.ar
www.hoteldolmen.com.ar

Hotéis

Hotel Grand King
✉ Lavalle 560
☎ 4393-4452 Fax: 4393-4052
gerencia@grandking.com.ar
www.grandking.com.ar

Hotel Hosteria Posta Carretas
✉ Esmeralda 726
☎ 4394-8372
info@postacarretas.com.ar
www.postacarretas.com.ar

Hotel NH Florida
✉ San Martín 839 (Retiro)
☎ 4321-9850 Fax: 4321-9875
nhflorida@nh-hotels.com
www.nh-hotels.com

Hotel NH Jousten
✉ Corrientes 280
☎ 4321-6750
nhjousten@nh-hotels.com
www.nh-hotels.com

Hotel NH Latino
✉ Suipacha 309 (San Nicolás)
☎ 4321-6700
info@nh-latino.com.ar
www.nh-hotels.com

Lafayette Hotel
✉ Reconquista 546 (San Nicolás)
☎ 4393-9081
lafayettehotel@sion.com.ar
www.lafayettehotel.com.ar

Hotéis

Nogaró Hotel
✉ Julio A. Roca 562 (Monserrat)
☎ 4331-0091/99
reservas@nogaro.com.ar
www.nogarobue.com.ar

Park Central Kempinski Hotel
✉ Diagonal Roque Sáenz Peña 1174
☎ 6777-0300 Fax: 6777-0330
reservas@parkplazahotels.com
www.parkplazahotels.com

Regidor Hotel
✉ Tucumán 451
☎ 4314-9615/9319 Fax: 4314-9516
hotelregidor@arnet.com.ar

Rochester Hotel
✉ Esmeralda 542 (San Nicolás)
☎ 4326-6076/1805 Fax:4322-4689
info@rochester-hotel.com.ar
www.rochester-hotel.com.ar

Sheltown Hotel
✉ M. T. de Alvear 742 (Retiro)
☎ 4312-5070/79
info@hotelsheltown.com.ar
www.hotelsheltown.com.ar

Tritone Hotel
✉ Maipú 651/7 (San Nicolás)
☎ 4325-8955/60/62 Fax: 4325-8965
ventas@tritonehotel.com.ar
www.tritonehotel.com.ar

Hotéis

Tulip Inn Principado
✉ Paraguay 481
☎ 4313-3022
hotel@principado.com.ar
www.principado.com.ar

★★★

Alpino Hotel
✉ Cabello 3316/18 (Palermo)
☎ 4802-5151 Fax: 4802-5151
hotelalpino@abertel.com.ar
www.geocities.com/alpinohotel

Atlas Tower Hotel
✉ Av. Corrientes 1778 (San Nicolás)
☎ 4371-9371
ventas@atlastower.com.ar
www.atlastower.com.ar

Cardton Hotel
✉ Juan D. Perón 1555 (San Nicolás)
☎ 4382-2463/1697
hotelcardtonbaires@hotmail.com

Columbia Palace Hotel
Av. Corrientes 1533 (San Nicolás)
✉ 4373-1906
☎ reservas@columbiapalace.com.ar
www.columbiapalace.com.ar

Constitución Palace Hotel
✉ Lima 1697 (Constitución)
☎ 4305-9010 Fax: 4305-9015
info@constitucion-hotel.com.ar
www.constitucion-hotel.com.ar

Hotéis

Ecuador Hotel
✉ Alsina 2820 (Monserrat)
☎ 4956-0532 Fax: 4931-9987
e-mail: ecuador@inea.com.ar
www.hotelecuador.com

Eleven Palace Hotel
✉ La Rioja 87
☎ 4864-5097 Fax: 4862-4088
info@hoteleleven.com.ar
www.hoteleleven.com.ar

Embajador Hotel
✉ Carlos Pellegrini 1181 (Retiro)
☎ 4326-5302
embajador@infovia.com.ar
www.hotelnet.com.ar/hotel/embajador

Esmeralda Palace Hotel
✉ Esmeralda 527 (San Nicolás)
☎ 5811-0317
reservas@hotelesmeralda.com.ar
www.hotelesmeralda.com.ar

Gran Hotel Argentino
✉ Carlos Pellegrini 37
☎ 4334-4001 Fax: 4345-3081
info@hotel-argentino.com.ar
www.hotel-argentino.com.ar

Gran Hotel de La Paix
✉ Rivadavia 1155 (San Nicolás)
☎ 4381-8061
reservas@holiday.com.ar
www.hoteldelapaix.com.ar

Hotéis

Gran Hotel Orly
✉ Paraguay 474 (Retiro)
☎ 4312-5344/48 Fax: 4312-5119
info@orly.com.ar
www.orly.com.ar

Gran Hotel San Carlos
✉ Suipacha 39
☎ 4345-1022/23 Fax: 4476-9224
info@hotelsancarlos.com.ar
www.hotelsancarlos.com.ar

Hotel Bel Air
✉ Arenales 1462 (Recoleta)
☎ 4021-4000
reservas@hotelbelair.com.ar
www.hotelbelair.com.ar

Hotel Dos Congresos
✉ Rivadavia 1777 (San Nicolás)
☎ 4371-0072
reservas@hoteldoscongresos.com
www.hoteldoscongresos.com

Hyde Park Hotel
✉ Maipú 572 (San Nicolás)
☎ 4328-3930
info@hydepark.com.ar
www.hydepark.com.ar

Ibis Accor
✉ Hipolito Yrigoyen, 1592 (San Nicolás)
☎ 5300-5555
h3251-sl@accor.com

Hotéis

Impala Hotel
✉ Libertad 1215 (Retiro)
✆ 4816-0430 Fax: 4812-5696
reserva@hotelimpala.com.ar
www.hotelimpala.com.ar

Imperial Park Hotel
✉ Lima 101 esq Hipólito Yrigoyen (Monserrat)
✆ 4383-0555 Fax: 4382-8686
reservas@imperialpark.com.ar
www.imperialpark.com.ar

La Perla
✉ Jujuy 36 (Balvanera)
✆ 5218-7737 AL 40
info@hotellaperla.com.ar
www.hotelaperla.com.ar

Liberty Hotel - Casino Center S.A.
✉ Corrientes 632 (San Nicolás)
✆ 4325-0261/69
info@liberty-hotel.com.ar
www.liberty-hotel.com.ar

Lincoln Hotel
✉ San José 1299 (Constitución)
✆ 4306-4687
reserva@lincoln-hotel.com.ar

Lyon
✉ Riobamba 251 (Balvanera)
✆ 4372 0100/09
info@hotel-lyon.com.ar
www.hotel-lyon.com.ar

Napoleon Hotel
✉ Rivadavia 1364
☎ 4383-2031/36
info@hotel-napoleon.com.ar
www.hotel-napoleon.com.ar

Normandie Hotel
✉ Rodriguez Peña 320 (San Nicolás)
☎ 4371-7001
normandie@hotelnormandie.com.ar
www.hotelnormandie.com.ar

Phoenix
✉ San Martín 780
☎ 4312-4845
phoenix@sinectis.com.ar

Plaza Francia Hotel
✉ Pje. E. Schiaffino 2189
☎ 4804-9631/37
contact@hotelplazafrancia.com
www.hotelplazafrancia.com

Regis Orho Hotel
✉ Lavalle 813
☎ 4327-2605
regisventas@orho-hoteles.com.ar
www.ohro-hoteles.com.ar

River Hotel
✉ Montevideo 86
☎ 4382-8789
gerencia@riverhotel.com.ar
www.riverhotel.com.ar

Hotéis

Sarmiento Palace Hotel
✉ Sarmiento 1953 /55 (Balvanera)
☎ 4953-3404/13
reservas@hotelsarmiento.com.ar

Sarum
✉ Quesada 2370 (Belgrano)
☎ 4704-0034/39/40
hotelsarum@yahoo.com.ar
www.hotelsarum.com.ar

Waldorf Hotel
✉ Paraguay 450 (Retiro)
☎ 4312-2071/78
info@waldorf-hotel.com.ar
www.waldorf-hotel.com.ar

Rosedal Puente

Catedral

Igrejas e Templos

Basílica del Sacratíssimo Sacramento

Igreja preferida da elite portenha, é um tesouro em se tratando de arte sacra. O altar da Virgen María, lustres, vitrais e mosaicos, as portas e as paredes em mármore são belíssimos.

✉ San Martín 1039 (Retiro)
☎ 4311-0391/4312-2314
🚇 Linha C Estação San Martín.
ℹ A Basílica está aberta à visitação e missas são realizadas em diversos horários durante a semana.

Basílica de Santo Domingo

Igreja construída em 1779 em cujo átrio encontra-se o mausoléu do Gen. Manuel Belgrano, um dos heróis da conquista da independência e criador da bandeira nacional. Uma de suas torres ainda mostra marcas de balas de canhões da época das lutas pela reconquista da cidade das tropas britânicas entre 1806 e 1807.

✉ Belgrano com Defensa (Montserrat)
🚇 Linha E Estação Belgrano ou linha A Estação Plaza de Mayo, tanto uma como a outra distam quatro quadras da Basílica.

Basílica Menor de Nuestra Señora del Pilar

Construída em estilo barroco no século XVIII, é um dos cartões postais de BA. Sua única torre está parcialmente coberta por azulejos colocados em 1866. Possui valiosas obras de arte barroca, como o Altar Mayor e a imagem da Virgen del Pilar.

✉ (Plaza Alvear - Recoleta)
🚌 10, 17, 38, 59, 61, 62, 67, 101, 102, 108, 110 e 124

Catedral Metropolitana

A Catedral Metropolitana começou a ser construída há quase três séculos, instalada praticamente no mesmo lugar onde o

Igrejas e Templos

fundador de Buenos Aires, Juan de Garay, construiu a primeira igreja da cidade e conserva sua forma atual, em estilo neoclássico, desde 1821. Ela não possui torres e tem 12 colunas na fachada que simbolizam os 12 apóstolos. Recentemente foi inaugurado um altar de pura prata.

A Catedral abriga desde 1880 o mausoléu do libertador da argentina, General San Martín cujos restos mortais são guarnecidos por uma guarda de honra do Regimiento de los Granaderos.

✉ Rivadavia 437 esquina San Martín (Plaza de Mayo, Montserrat)

⏰ De março a dezembro: Segundas a sextas, das 8h às 19h. Sábados de 9h às 12h30 e 17h às 19h30 e domingos das 9h às 14h e das 16h às 19h30.

Oferece visitas guiadas de segunda à sexta-feira (13h), aos sábados (11h30) e aos domingos (10h).

Missas e concertos de órgão em diversos horários.

🚇 Linha D Estação Catedral e Linha A Estação Perú

Iglesia de la Inmaculada Concepción

Conhecida como "La Redonda", por causa da curiosa forma circular, foi construída há um século por dois irmãos genoveses, Giuseppe e Nicola Canale.

✉ Juramento com Vuelta de Obligado (Plaza Gen. Belgrano, Belgrano)

⏰ Abre às 16h.

🚇 Linha D Estação José Hernández

🚌 29b, 38, 41, 44, 57, 60, 63, 80, 113, 152, 161, 184 e 194

Iglesia de San Francisco

Construída em 1754, ainda conserva um órgão de 1772. Possui uma coleção de imagens de São Francisco de Assis e uma das bibliotecas mais antigas de Buenos Aires, que conserva várias relíquias da Idade Média. Junto à Igreja está a Capilla San Roque e, ao lado, o Convento de São Francisco que hoje abriga um museu.

Igrejas e Templos

✉ Alsina esquina Defensa (Montserrat)
🕐 Abre diariamente das 7h às 19h.
🚆 Linha E Estação Bolívar
🚌 22, 24, 28, 29, 33, 50, 54, 56, 61, 62, 74, 86, 91, 105, 111, 126, 130, 142, 146 e 152

Iglesia de San Ignacio

É a construção mais antiga de Buenos Aires, construída em 1723. O interior é típico das construções jesuíticas e a fachada em estilo barroco. Os altares são do século XVIII. O campanário era também posto de observação para investigar a presença de piratas rondando a costa da cidade. O relógio é inglês e pertencia originariamente ao Cabildo. A igreja pertence ao complexo da Manzana de Las Luces.

✉ Bolívar com Alsina (Montserrat)
🚆 Linha E Estação Bolívar
🕐 Oferece visitas guiadas, por $2, aos sábados às 17h.

Iglesia de Santa Catalina de Siena

Construída em 1745, foi declarada Monumento Histórico Nacional em 1942. Possui um altar belíssimo, imagens sacras valiosas e o piso é um primoroso mosaico de pequenos ladrilhos.

✉ Viamonte com San Martin (San Nicolas)
🚆 Linha B Estação Florida
🕐 Abre das 7h às 19h.

Igrejas e Templos

Iglesia Nuestra Señora de Belén
(Parroquia de San Pedro González Telmo)
Monumento histórico nacional cujas obras iniciaram-se em 1734. O santo que deu nome ao bairro era o protetor e patrono dos navegantes.
- Humberto 1º, 340 (San Telmo)
- Visitas guiadas aos domingos às 16h e às 17h. Nos meses de maio a setembro, às 15h e às 16h. Missas em diversos horários.
- 22, 24, 28, 29, 33, 54, 61, 62, 86, 93, 126, 130, 152 e 159

Iglesia Ortodoxa Rusa
Construção em estilo bizantino inaugurada em 1904 com belas cúpulas, pinturas e revestimento.
- Brasil 315 (Parque Lezama - San Telmo)
- 4, 10, 22, 24, 28, 33, 54, 62, 86, 93, 130, 152, 159 e 186

Iglesia San Juan Evangelista
Primeira paróquia salesiana do mundo.
- Olavarría 486 (La Boca)
- 20, 25, 29, 33, 46, 53, 64, 86, 152

Mesquita de Palermo
Maior templo islâmico da América Latina.

Sinagoga Central de Buenos Aires
Principal templo da comunidade judaica da Argentina. Ali funciona também um centro cultural e um museu.
- Libertad com Córdoba (Plaza Lavalle, Tribunales)
- Linha D Estação Tribunales

Informações Turísticas

Por telefone: (54 11) 4313 0187
De segunda à sexta das 7h30 às 18h e domingo das 11h às 18h
Informações turísticas podem ser obtidas em diversos locais de Buenos Aires. Tente estes:

Asociación Argentina de Agencias de Viajes Y Turismo
✉ Viamonte 640 - 10º andar (San Nicolas)
☎ (54 11) 4325 4691
secretaria@aaavyt.org.ar

Câmara Argentina de Turismo(CAT)
✉ Tucuman, 1610, P 5, (San Nicolás)
☎ (54 11) 4374 1699
www.camaraargturismo.com.ar

Centro de Informações Turísticas
✉ Florida: Florida 100
⏰ Seg. à sex. das 9h às 18h; sábados e feriados das 10 às15h

✉ San Telmo: Defensa, 1250
⏰ Sábado e domingo das 11h às 19h

✉ Puerto Madero: Alicia Moreau de Justo, 200 dique 4
⏰ Seg. à sex. das 11h às 18h; sáb. e dom. das 11h ás 19h

✉ Retiro: Av Antártida Argentina(terminal de ônibus, local 83)
⏰ Seg. a sáb. de 7h30 às 13h

✉ Recoleta: Av. Quintana, 596
⏰ Seg. à sex. das 10h30 às 18h30; sáb. e dom. das 10h às 19h

✉ Abasto: Av. Corrientes, 3200 (Shopping Abasto)
⏰ Seg. à dom. das 11h ás 21h

✉ Parada Liniers: Av. Gen. Paz, 10868
⏰ Seg. à dom. das 8k às 24h

✉ Aeroparque Jorge Newbery: Hall central de Aerolíneas Argentinas
⏰ Seg. à dom. das 08h às 24h

Informações Turísticas

Delegacia do Turista
✉ Av Corrientes, 436
☎ (54 11) 4346 5748 ou 08009995000
Consultas em inglês, italiano, francês português e ucraniano

Defensoria do Turista
✉ Av. Pedro Mendoza, 1835
☎ (54 11) 4302 7816
⏰ Seg. à Dom. das 10 às 18h

Informações sobre Calafate e Glacial Perito Moreno podem ser encontradas em:
✉ Suipacha 1120
☎ 4325-3098/4325-3102

Jornais

Os jornais e revistas são vendidos pelos "kioskos", o nome pelo qual são chamadas as bancas de jornais. Elas são uma atração à parte em Buenos Aires e estão espalhadas por toda a cidade. Os principais jornais são: El Clarín, La Nación e Página 12. Leia-os para certificar-se das programações de shows e espetáculos teatrais. Uma boa opção nos kioskos é conferir a grande produção de histórias em quadrinhos.

Língua

A língua falada na Argentina é o espanhol. Em Buenos Aires você vai também ouvir falar de uma gíria chamada lunfardo, criada pela marginalidade, imigrantes e pelos moradores da região portuária e utilizada em diversos tangos.

Metrô

Os "subte", trens subterrâneos, são rápidos, práticos e baratos e atendem boa parte da cidade. Além disso, muitas estações conservam as instalações originais e oferecem um espetáculo à parte (o caso da Estação Perú, Linha A). As passagens são adquiridas nas "boleterías" e custam $ 0,70. Pague somente uma passagem para as linhas diretas ou combinações entre elas. Neste guia as estações estão marcadas com o símbolo u. Abaixo, descrevemos os percursos de cada linha e, após, uma referência das ruas e numeração próximas de cada estação.

Percursos

Linha A - Corre pela Rivadavia, da Plaza de Mayo até a Primera Junta. O tempo total do percurso é de 19 minutos.

Linha B - Corre pela Corrientes, de L. N. Alem até Los Incas, para tomar-se o Ferrocarril Urquiza.

Linha C - Liga as estações de trens do Retiro e Constitución, pela 9 de Julio e Plaza San Martín.

Linha D - Corre da Catedral, próximo a Plaza de Mayo até a estação Congresso de Tucuman.

Linha E - Corre da estação Bolívar, na Av. de Mayo, até a Plaza de los Virreyes.

Fragata em Puerto Madero

Metrô

Ruas próximas às Estações

Estação (Linha)	Calle/Avenida - Altura
Acoyte (A)	Av. Rivadavia al 5000
Aguero (D)	Av. Santa Fé al 2800
Alberti (A)	Av. Rivadavia al 2500
Angel Gallardo (B)	Av. Corrientes al 4600
Belgrano (E)	Av. Roca al 800
Boedo (E)	Av. San Juan al 3600
Bolivar (E)	Av. Roca al 500
Bulnes (D)	Av. Santa Fé al 3200
Callao (D)	Av. Córdoba al 1800
Callao (B)	Av. Corrientes al 1700
Carlos Gardel (B)	Av. Corrientes al 3400
Carlos Pellegrini (B)	Av. Corrientes al 1 000
Castro Barros (A)	Av. Rivadavia al 3900
Catedral (D)	Catedral
Congreso (A)	Av. Rivadavia al 1800
Constitución (C)	Lima al 1700
Diagonal Norte (C)	Carlos Pellegrini al 300
Dorrego (B)	Av. Corrientes al 61 00
Entre Rios (E)	Av. San Juan al 1800
Emilio Mitre (E)	Av. Eva Perón al 1200
Fac. de Medicina (D)	Av. Córdoba al 21 00
Federico Lacroze (B)	Av Corrientes al 61 00
Florida (B)	Av. Corrientes al 500
Gral. San Martín (C)	Maipú al 1000
General Urquiza (E)	Av. San Juan al 3000
Independencia (C)	Bernardo de Irigoyen 800
Independencia (E)	Independencia al 1100
José Hernández (D)	Av. Cabildo al 1700
José María Moreno (E)	Av. Directorio al 400
Jujuy (E)	Av. San Juan al 2600

Metrô

La Plata (Avenida) (E)	Av. Directorio al 0
Lavalle (C)	Av. Corrientes al 700
Leandro N. Alem (B)	Av. Corrientes al 100
Lima (A)	Av. de Mayo al 1100
Loria (A)	Av. Rivadavia al 3400
Malabia (B)	Av. Corrientes al 5300
Medalla Milagrosa (E)	Av. Eva Perón al 1900
Medrano (B)	Av. Corrientes al 3900
Ministro Carranza (D)	Av. Santa Fé al 5300
Moreno (C)	Bernardo de Irigoyen 200
9 de Julio (D)	Av. Corrientes al 900
Olleros (D)	Av. Cabildo al 600
Palermo (D)	Av. Cabildo al 600
Pasco (A)	Av. Rivadavia al 2200
Pasteur (B)	Av. Corrientes al 2100
Perú (A)	Av. de Mayo al 600
Pichincha (E)	Av. San Juan al 2200
Piedras (A)	Av. de Mayo al 800
Plaza Italia (D)	Av. Santa Fé al 4100
Plaza de Los Virreyes (E)	Autopista 25 de Mayo
Plaza de Mayo (A)	Casa Rosada
Plaza Miserere (A)	Av. Rivadavia al 2800
Primera Junta (A)	Av. Rivadavia al 5500
Pueyrredon (B)	Av. Corrientes al 3000
Pueyrredon (D)	Av. Santa Fé al 2400
Retiro (C)	Ramos Mejía al 1200
Rio de Janeiro (A)	Av. Rivadavia al 4400
Saenz Peña (A)	Av. de Mayo al 1400
San José (E)	Av. San Juan al 1400
San Juan (C)	Bernardo de Irigoyen 900
Scalabrini Ortiz (D)	Av. Santa Fé al 3700
Tribunales (D)	Talcahuano al 500
Uruguay (B)	Av. Corrientes al 1500
Varela (E)	Autopista 25 de Mayo

Moeda

A moeda argentina é o peso ($) e o seu valor está próximo do Real. O dólar estadunidense é a moeda internacional de maior difusão.

Existem notas de $ 1, 2, 5, 10, 20, 50 e 100 e moedas de $ 1; 2; 5; 0,50; 0,25; 0,10 e 0,05.

Monumentos

Canto al Trabajo

Monumento em bronze que marca a epopéia do homem sobre a terra, feito em 1907 pelo escultor argentino Rogelio Yrurtia. São 14 figuras que representam o esforço humano na busca do progresso. Está localizado em frente à Faculdade de Engenharia.

✉ Paseo Colón e Independencia (San Telmo)

Cruceiro

Monumento presenteado à cidade em comemoração ao quarto centenário de Buenos Aires pelo Centro Gallego de Buenos Aires. Na sua inauguração em 1980 foi colocada em sua base terra das quatro províncias galegas. A origem do "cruceiro" remonta aos primeiros séculos do cristianismo, quando colocavam-se cruzes nos lugares de veneração pagã, após a cristianização.

✉ Paseo Colón e Martín Garcia (San Telmo, próximo ao Parque Lezama)

El Pensador

Réplica do "Pensador" feita por Auguste Rodin e doada à cidade em 1907.

✉ Plaza del Congreso

Estatua de la Libertad

Pequena réplica da Estátua da Liberdade americana situada junto às Barrancas de Belgrano.

Monumentos

✉ Próximo à La Pampa com Luis Maria Campos (Belgrano)
🚌 Linhas 15, 29, 38, 42, 44, 55, 60, 63, 64, 113 e 118

Fonte Netuno e Nayade

Monumento em estilo renascentista italiano, procedente da França em 1867.

✉ Brasil e Paseo Colón (San Telmo, junto ao Parque Lezama)

Monumento à Cordialidade Internacional

Monumento formado por uma coluna central de bronze, de quatro metros de diâmetro por 15 m de altura. A obra é de dois uruguaios, o escultor Antonio Pena e o arquiteto Villamajo. Foi construída em 1936 em Montevidéu.

✉ Martín Garcia e Almirante Brown (Parque Lezama, San Telmo)

Monumento a Los Dos Congresos

Monumento inaugurado em 9 de julho de 1914 em homenagem à Assembléia de 1813 e ao Congresso de 1816, que decretou a independência argentina. É um grupo de esculturas imponente, cercado por uma fonte, em cujo centro está a figura da República.

✉ Plaza del Congreso (Congreso)

Monumento a Carlos Torcuato de Alvear

Obra do escultor francês Émile Antoine Bourdelle feita na França e inaugurada em 1926. No centro há um prisma de granito onde se apóia a figura eqüestre de Alvear. Nos cantos, quatro figuras simbólicas: a vitória, a eloqüência, a força e a liberdade.

✉ Entre Posadas e Del Libertador (Recoleta)

Monumentos

Monumento a Colón

Assim como Havana e Barcelona, Buenos Aires também tem seu monumento ao navegador Cristóvão Colombo e este, como os outros, está voltado para o mar. O monumento argentino conserva as marcas de balas disparadas de barcos na Revolução de 1955.

✉ Plaza Colón (Montserrat)
🚇 Linha A Estação Plaza de Mayo
🚌 6, 22, 26, 28, 29, 33, 50, 54, 56, 61, 62, 74, 91, 105, 130, 143, 146, 152 e 155

Monumento a Domingo Sarmiento

Estátua de bronze feita por Auguste Rodin sobre base de pedra e mármore de carrara inaugurada em 1911. Atrás da estátua estão os restos do que foi a casa de Juan Manuel de Rosas, curiosamente inimigo político de Sarmiento.

✉ Plaza Sicilia (Av. Sarmiento com Av. Del Libertador - Palermo)
🚌 10, 37, 67, 102 e 130

Monumento a Don Juan De Garay

Estátua de bronze feita em 1850 pelo escultor alemão Gustavo Eberlein em honra do fundador da cidade. Dizem que Juan de Garay assinala com o dedo o local em que fundou a cidade de Buenos Aires em 1580.

✉ Leandro N. Alem e Rivadavia, ao lado da Plaza Colón (Montserrat)
🚇 Linha A Estação Plaza de Mayo
🚌 6, 22, 26, 28, 29, 33, 50, 54, 56, 61, 62, 74, 91, 105, 130, 143, 146, 152 e 155

Monumento a Justo José de Urquiza

Obra de 1949 que homenageia o presidente argentino que em 1852 convocou a assembléia que votou a Constituição Nacional.

✉ Av. Sarmiento com Av. Figueroa Alcorta (Palermo)
🚌 10, 67 e 130

Monumentos

Monumento de los Españoles (Carta Magna y las Cuatro Regiones Argentinas)

O monumento foi um presente da Espanha nas comemorações do centenário da Revolução de Mayo, em 1910. Tem 25 metros de altura e uma estátua que representa a nação argentina, cercada por outras quatro que representam as quatro regiões do país: os Andes, o Rio da Prata, o Pampa e o Chaco.

✉ Av. Sarmiento com Av. Del Libertador (Palermo)
🚌 10, 34, 37, 130, 160, 161 e 166

Monumento ao General Belgrano

Obra do escultor francês Albert Carrier Belleuse em conjunto com Manuel Santa Coloma (um fez o general e o outro o cavalo), inaugurada em 1873.

✉ Na Plaza de Mayo (Montserrat), em frente à Casa Rosada

Monumento ao General San Martín

Inaugurado em 1862, esse monumento do escultor francês Louis Joseph Daumas é o primeiro a homenagear o libertador argentino. No início do século, a base do monumento foi enriquecida com o trabalho do escultor alemão Gustavo Eberlein lembrando aspectos da saga libertadora.

✉ Plaza San Martín (Retiro)

Obelisco

Obra realizada em 1936 pelo arquiteto Prebisch, posteriormente intendente da cidade. O monumento, com 68 metros de altura, marca os 400 anos de fundação da cidade e é o seu principal cartão-postal.

✉ Plaza de la República, no cruzamento das avenidas Corrientes, 9 de Julio e Diagonal Norte (Montserrat)
🚇 Linha D Estação 9 de Julio e linha B Estação Carlos Pellegrini

Monumentos

Pirámide de Mayo

A pirâmide é um monumento construído em 1811 para comemorar o primeiro ano da revolução de mayo. Era um simples monumento de ladrilhos até que, meio século depois, foi rodeada de estátuas. Em volta da pirâmide as Madres de La Plaza de Mayo fazem sua ronda (quintas-feiras, às 15h30) em protesto contra o desaparecimento de seus filhos durante a ditadura militar argentina de 1976 a 1983.

✉ No centro da Plaza de Mayo (Montserrat)

Siringa

Obra consagrada à deusa Diana, feita em mármore de carrara por Francisco Luis Virieux.

✉ Parque Lezama (San Telmo)

Museus e Salas de Exposições

Os roteiros tradicionais de Buenos Aires raramente incluem visitas a museus. O que é uma pena, pois a cidade conta com uma boa estrutura nessa área e oferece sempre boas atrações tanto nos museus históricos (boa sugestão para quem viaja com os filhos) como nos que tratam com as artes.

Publicamos aqui uma lista dos museus e salas de exposições de Buenos Aires. Para quaisquer dúvidas há uma Dirección General de Museos que dá maiores informações pelo fone 4361-2462.

Centro Cultural Borges
Espaço de arte. Veja também Teatros.
✉ Viamonte esq. San Martín (Galerías Pacífico, San Nicolas)
☎ 4319-5449
🕐 Aberto de segundas a quintas-feiras, de 10h às 21h. Sextas a domingos de 10h às 22h.
Acesso $2.
🚇 Linha C Estação San Martín

M

Clube dos Pescadores

Museus e Salas de Exposições

Centro Cultural Recoleta
Espaço de arte. Veja Teatros.
✉ Junín 1930 (Recoleta)
☎ 4803-3260/4803-1041
⏰ Aberto de terças a sextas-feiras de 14h às 21h, sábados e domingos de 10h às 21h.
Acesso gratuito.
🚌 10, 17, 38, 59, 61, 67, 101, 102, 108, 110 e 124

Museo Aeronáutico
Exposição de aviões e helicópteros de uso militar desde 1937.
✉ Rafael Obligado 4500 (Palermo)
☎ 4773-0665
⏰ Terças a sextas-feiras, das 8h às 16h30. Sábados, domingos e feriados de 11h às 19h.
Acesso $1.

Museo Antiguo Congreso Nacional
Primeiro prédio construído para abrigar o poder Legislativo, funcionou como Congresso de 1864 a 1905.
✉ Balcarce 139 (Montserrat)
☎ 4311-8792
⏰ Quintas, 15h às 17h.
Acesso gratuito.
🚇 Linha A Estação Plaza de Mayo

Museo Casa de Yrurtia de Arte
Casa construída no século passado, em estilo neocolonial, mostra a obra e o mobiliário do início do século do famoso escultor argentino Rogelio Yrurtia que construiu o monumento Canto al Trabajo (Av. Paseo Colón). Os objetos estão expostos como na época em que o escultor habitava o prédio. Em função disso, é chamado de Museo Casa.

Museus e Salas de Exposições

✉ O'Higgins 2390 (Belgrano)
☏ 4781-0385/4789-0094
⏰ De quartas a domingos, de 15h às 18h.
Acesso $ 1.
🚌 15, 29, 38, 42, 107

Museo Corbeta A. R. A. Uruguay
Uma corveta chegada à Argentina em 1874 para fazer viagens à Antártida, agora transformada em museu.
✉ Puerto Madero - Entrada Viamonte
☏ 4314-1090
⏰ Diariamente de 10h às 21h.
Acesso pago.

Museo da Caricatura "S. Vaccaro"
✉ Lima 1037 (Constitución)
☏ 4304-6497
🚇 Linha E Estação Independencia.

Museo de Arte Contemporâneo
Arte contemporânea argentina das últimas três décadas.
✉ Alberti 664 (Constitución)
☏ 4942-0163
🚌 2, 23, 62, 88, 96, 98, 118, 129, 188.

Museo de Arte Español Enrique Larreta
Inaugurado em 1962, é especializado em arte espanhola dos séculos XIII ao XX. O prédio era a casa do escritor Enrique Larreta e conta com um belíssimo jardim, "el patio andaluz", com fontes árabes. A coleção do museu está constituída por obras, objetos e móveis que decoravam a casa do escritor.
✉ Juramento 2291, em frente à Plaza Manoel Belgrano (Belgrano)
☏ 4784-4040 Fax: 4783-2640
🚇 Linha D Estação José Hernández
⏰ Funciona das 15h às 19h45. Fecha às quartas e

Museus e Salas de Exposições

quintas-feiras. Oferece visitas guiadas aos domingos às 16h e 18h.
Acesso $1, gratuito nas terças-feiras.

🚌 38, 41, 44, 60, 63, 65, 67, 68, 80, 113, 114, 152, 159, 168, 184.

Museo de Arte Hispano-Americano Isaac Fernández Blanco
Sua sede está localizada no Palacio Noel, cujo estilo neocolonial é representativo da década de 20. Considerado um dos mais importantes museus de arte hispano-americana, conta com a mais importante coleção de prataria colonial da América do Sul. Bom local para apreciar arte religiosa e peças das missões jesuíticas.
✉ Suipacha 1422 (Retiro)
☎ 4327-0228
🚇 Linha C Estação Retiro
🕐 De terças a domingos de 14h às 19h. Oferece visitas guiadas às 16h.
Acesso $1, gratuito nas quintas-feiras.

Museo de Arte Moderno
Museu municipal que ocupa o prédio recuperado de um antigo depósito de tabaco. Apresenta exposições periódicas de artes plásticas, fotografia e design gráfico. Bom acervo de artistas plásticos argentinos contemporâneos e artistas plásticos internacionais.
✉ San Juan 350 (San Telmo)
☎ 4361-1121/4300-148
🕐 De segundas a sextas, de 10h às 20h. Aos sábados, domingos e feriados de 11h às 20h.
Acesso $1 e gratuito às quartas-feiras.

🚌 4, 9, 10, 17, 22, 24, 28, 29, 33, 45, 53, 54, 61, 62, 64, 74, 86, 93, 130, 143, 152

Museo de Artes Plásticas Eduardo Sívori
Criado em 1933, possui um valioso acervo de 4.000 obras entre pinturas e esculturas dos séculos XIX e XX, representando diversas gerações de artistas argentinos. Eduardo Sívori foi um dos

Museus e Salas de Exposições

mais importantes artistas plásticos argentinos. Funciona onde antes era a Confitería El Ciervo. Na parte externa, aliás, há uma família deles eternizados em pedra.

✉ Av. de la Infanta Isabel 555, em frente a Puente del Rosedal, Parque 3 de Febrero (Palermo)

☎ 4778-3899

🕐 De terças a sextas de 12h às 20h. Sábados e domingos de 10h às 20h.

Acesso $1, gratuito nas quartas-feiras.

🚌 10, 34, 37, 130, 161

Museo de Bellas Artes de La Boca

Possui um acervo de mais de mil obras de Benito Quinquela Martín, na parte superior do prédio que foi a morada do artista, e obras de artistas argentinos.

Quinquela Martín morou muitos anos no prédio em que funciona o museu e deve-se a ele grande parte do que é o bairro de La Boca hoje. O célebre Caminito foi idéia sua bem como as cores fortes que tingem as tradicionais casas de chapas de zinco.

✉ Pedro de Mendoza 1835 (La Boca)

☎ 4301-1080

🕐 Terças à sextas, de 10h30 às 17h30 e aos sábados e domingos, das 11h às 17h30.

Acesso gratuito.

🚌 20, 29, 33, 53, 64

Museo de Calcos y Esculturas Comparadas

Exibe calcos e cópias em gesso tiradas diretamente de esculturas de arte universal como a Vênus de Milo e a Vitória de Samotrácia.

✉ Av. Tristán Rodríguez 1701 (Costanera Sur)

☎ 4361-4419

🕐 Abre de segundas a sextas, de 9h30 às 12h30. Aos

Museus e Salas de Exposições

sábados e domingos de 11h às 18h.
Ingresso: $1
🚐 Linha 2

Museo de Cera de La Boca
O edifício data de 1902 e foi sede do primeiro comitê socialista da Boca. É o único museu de cera da cidade e apresenta uma exposição de personagens históricos da cidade e tipos característicos da formação do povo argentino. É uma atração interessante para quem viaja com crianças.
✉ Del Valle Iberlucea 1261 (La Boca)
☎ 4303-0563/4301-1497
🕐 De segundas a sextas, de 10h às 18h e aos sábados e domingos de 11h às 20h.
Acesso $ 5.
🚐 20, 29, 33, 53, 64

Museo de Esculturas Luis Perlotti
Mostra cerca de 900 obras do escultor Luis Perlotti, em madeira, cerâmica, gesso, bronze e mármore.
Pujol 644 (Caballito)
✉ 4433-3396/4431-2825
🚇 Linha A Estação Primera Junta
🕐 Terças a sextas, de 11h às 19h. Sábados, domingos e feriados de 10h às 13h e de 14h às 20h.
Acesso $3, gratuito nas quartas-feiras.
🚐 25, 26, 55, 76, 84, 86, 92, 96, 99, 106, 124, 132, 141, 172, 181

Museo de la Casa de Gobierno (Museo de la Casa Rosada)
Exibe exposições temporárias e mostram móveis e objetos de uso de ex-presidentes argentinos. O museu ocupa as galerias subterrâneas do prédio.
✉ Hipolito Yrigoyen 219 (Montserrat)
☎ 4343-3051

Museus e Salas de Exposições

🚇 Linha A Estação Plaza de Mayo
🕐 Abre nas segundas, terças, quintas e sextas-feiras das 10h às 18h, com visitas guiadas às 16h. Sábados e domingos funciona no mesmo horário e as visitas guiadas podem ser feitas em dois horários: 15h e 16h30.
Acesso gratuito nas segundas-feiras.
🚌 6, 22, 26, 28, 29, 33, 50, 54, 56, 61, 62, 74, 91, 105, 130, 143, 146, 152 e 155

Museo de La Ciudad

A construção é de 1894, mas o museu foi criado na década de 60. Mostra boa parte da história de Buenos Aires, desde simples objetos a móveis e elementos arquitetônicos. Visite na parte térrea do prédio a Farmacia de la Estrella. O Museo é o organizador da Feira de San Telmo.
✉ Alsina 412 (Montserrat)
☎ 4343-2123/4331-9855
🚇 Linha A Estação Plaza de Mayo e Linha E Estação Bolívar
🕐 Aberto de segundas a sextas de 13h às 18h. Aos domingos de 15h às 19h.
Acesso $1, gratuito nas quartas-feiras.

Museo de Las Telecomunicaciones

Instalado no prédio em que funcionava a tradicional Cervecería Munich, construído em 1927, o museu expõe aparelhos e objetos que mostram a evolução da tecnologia na área de telecomunicações.
✉ Av. de los Italianos 851 (Costanera Sur)
☎ 4313-5908
🕐 Aberto aos sábados e domingos, de 14h às 18h.
Ingresso: $1.

Museus e Salas de Exposições

Museo de Motivos Argentinos José Hernández
O prédio é representativo da arquitetura francesa do final do século passado. O museu funciona desde 1949 e mostra um rico artesanato regional, máscaras, armas e pinturas. Possui um acervo de cerca de duas mil fotos sobre os movimentos tradicionalistas na Argentina. Há no local uma loja para compra de artesanatos.
✉ Del Libertador 2373 (Palermo)
☎ 4802-7294/4803-2384
⏰ Quartas a sextas de 13h às 19h e sábados e domingos das 15h às 19h.
Acesso $1, gratuito nas quartas-feiras.
🚌 10, 37, 38, 41, 59, 60, 67, 92, 93, 95, 102, 102, 110, 128, 130

Museo Etnográfico Juan B. Ambrosetti
Fundado em 1904 é destinado à mostra de objetos, costumes e culturas de diversas raças. É a maior coleção arqueológica, etnográfica e antropológica do país.
✉ Moreno 350 (Montserrat)
☎ 4331-7788/4342-4970
🚇 Linha A Estação Plaza de Mayo
⏰ Quartas a domingos das 14h30 às 18h30. Visitas guiadas aos sábados e domingos às 16h.
Acesso $1, menores não pagam.

Museo Fragata Presidente Sarmiento
Navio museu que conserva intacta e mostra a história de suas viagens pelo mundo entre 1899 e 1938. Está ancorado junto aos diques de Puerto Madero.
✉ Costanera esq. Viamonte (Puerto Madero)
☎ 4311-8792
🚇 Linha B Estação L. N. Alem
⏰ Visitas diariamente das 9h às 20h
Acesso $2.

Museus e Salas de Exposições

Museo Histórico General Saavedra
Prédio de 1870 que mostra parte da vida cotidiana portenha nos séculos XVIII e XIX.
✉ Crisólogo Larralde 6309 (Saavedra)
☎ 4572-0746
🕒 De terças a sextas-feiras das 9h às 18h. Domingos de 14h às 18h. Visitas guiadas aos domingos às 16h e às 17h.
Acesso $1, gratuito nas quartas-feiras.
🚌 21, 28, 110, 111, 112, 117, 127, 140, 142, 175, 176

Museo Histórico Nacional
O prédio construído no início do século passado sofreu várias modificações. O museu abriga uma boa mostra da história argentina desde seu descobrimento. São 57 mil peças e uma pinacoteca com 1.200 obras. Lá estão a primeira bandeira nacional e o primeiro escudo.
✉ Defensa 1600 (Parque Lezama, San Telmo)
☎ 4307-1182/4307-4457
🕒 Terças a domingos, de 12h às 18h.
Acesso gratuito.

Museo Histórico Nacional del Cabildo
O Museu ocupa o antigo Cabildo de Buenos Aires. Mostra coleções datadas desde a fundação da cidade, em 1580. Arte religiosa, retratos, mobiliário e objetos feitos antes de 1810.
✉ Bolívar 65 (Montserrat)
☎ 4334-1782
🚇 Linha B Estação Bolívar, Linha A Estação Perú
🕒 Abre de terças a sextas entre 12h30 e 19h. Aos domingos entre 15h e 19h.
Acesso $1.

Museo Histórico Sarmiento
O museu foi o gabinete de Domingo Faustino Sarmiento, presidente da República em 1880 e personagem destacado

Museus e Salas de Exposições

na história argentina, e conserva objetos e documentos históricos utilizados por Sarmiento.

✉ Cuba 2079 (Belgrano)
☎ 4783-7555
🕐 Terças a sextas e domingos de 15h às 20h. Visitas guiadas aos domingos, às 16h.
Acesso $ 1.
🚌 15, 29, 38, 44, 55, 60, 63, 64, 65, 80, 113, 114

Museo Líbero Baldii (Fundación Banco Crédito)

Um dos mais jovens museus argentinos, conserva o acervo do escultor e pintor Libero Baldii. A casa, que pertenceu ao escultor, foi também residência do governador de Buenos Aires Valentín Alsina quando hospedou o Rei da Inglaterra em 1880.

✉ 11 de Setiembre 1990 (Belgrano)
☎ 4784-8650
🕐 De terças a sextas, das 10h às 18h. Sábados e domingos das 15h às 19h. Oferece visitas autoguiadas, ou seja, com "walkman".
Acesso livre.
🚌 15, 29, 38, 44, 55, 60, 63, 64, 65, 113 e 114

Museo Mitre

A casa em que viveu o General Bartolomé Mitre, importante político argentino, fundador do diário La Nación. Casa construída em finais do século XVIII, mostra mobiliário, objetos de arte e uma biblioteca.
San Martín 336 (San Nicolas)
✉ 4394-7659/4394-8240
🚇 Linha B Estação Florida
🚆 De segunda a sexta de 13h às 18h30.
🕐 Acesso pago, $1.

Museo Nacional de Arte Decorativo

Prédio em estilo neoclássico, construído em 1911, conserva pinturas, esculturas, móveis, porcelanas e muitos outros objetos. No primeiro piso funciona o Museo Nacional de Arte Oriental.

Museus e Salas de Exposições

✉ Av. Del Libertador 1902 (Recoleta)
☎ 4802-6606/4801-8248 FAX: 4802-6618
🕐 Abre diariamente de 14h às 19h.
Acesso $2, gratuito nas terças-feiras.
🚌 10, 37, 41, 59, 60, 67, 92, 95, 108, 110, 118, 124 e 130

Museo Nacional de Arte Oriental
Objetos de artes plásticas, de uso doméstico, vestuário do sudeste asiático, do oriente médio e do norte da África.
✉ Del Libertador 1902 Piso 1 (Recoleta)
☎ 4801-5988
🕐 De segundas a sábados de 15h às 19h. Fecha aos sábados e terças. Visitas guiadas às quartas e sextas-feiras, às 17h.
Acesso $1. Nas segundas, acesso gratuito.
🚌 10, 37, 41, 59, 60, 67, 92, 95, 108, 110, 118, 124 e 130

Museo Nacional de Bellas Artes
Antiga sede da Casa de Bombas de Obras Sanitárias de La Nación, possui um grande acervo de cerca de 10 mil obras, parte dedicada à arte argentina, mas não expõe mais do que mil. O maior museu de arte do país possui 32 salas de exposição, um setor de mostras temporárias e uma biblioteca com cerca de 30 mil volumes. Conta ainda com obras de Goya, Rembrandt, El Greco, Rodin, Monet, Van Gogh e Gauguin.
✉ Av. Del Libertador 1473 (Recoleta)
☎ 4803-0802/4803-8817
🕐 De terças a sextas, de 12h30 às 19h30. Aos sábados e domingos, das 9h30 às 19h30. Visitas guiadas diariamente às 17h.
Acesso pago. Terças-feiras, acesso gratuito.
🚌 17, 61, 62, 67, 92, 93, 110, 124, 130

Museo Nacional Del Grabado
Acervo de 15 mil obras de artistas contemporâneos argentinos e estrangeiros.
✉ Defensa 372 (San Telmo)

Museus e Salas de Exposições

🕿 4345-5300
🕘 Aberto de segundas a sextas e aos domingos de 14h às 18h. Visitas guiadas aos domingos, às 15h.
Acesso gratuito.

Museo Nacional Del Grabado Roca
Integram o acervo do museu cerca de 15 mil obras de artistas contemporâneos argentinos e estrangeiros como Braque, Picasso, Dalí e Miró.
✉ Vicente Lopez 2220 (Villa Real)
🕿 4803-2798
🕘 De segundas a sextas, de 10h às 18h.
Acesso gratuito.
🚌 25, 53, 106, 107, 124, 135

Museo Nacional Ferroviario
Objetos ligados ao sistema ferroviário argentino da segunda metade do século XIX e deste século.
✉ Del Libertador 405 (Retiro)
🕿 4318-3343
🚇 Linha C Estação Retiro
🕘 De segundas a sextas, de 9h às 16h.
Acesso gratuito.

Museo Numismático
Arquivo e museu do Banco de La Provincia de Buenos Aires.
✉ Sarmiento 362 (San Nicolas)
🕿 4331-7943
🚇 Linha B Estação Florida
Acesso gratuito.

Museo Participativo de Ciencias
✉ Junín 1930 (Centro Cultural Recoleta, Recoleta)
🕿 4803-1041/4806-3456
🕘 De segunda a sexta de 9h às 16h. Sábados, domingos e feriados de 15h às 19h.
Acesso pago. Permite a participação de crianças e adultos.

Museus e Salas de Exposições

Museo Penitenciário Argentino Antonio Ballvé
Prédio construído em 1760. Foi cárcere e uma casa de exercícios espirituais para homens.
✉ Humberto I 378 (San Telmo)
☎ 4361-5802/4362-0099
🕐 De terças a domingos, de 10h às 12h e de 14h às 17h.
Para visitas guiadas é necessário reservar por telefone.
Acesso pago.
🚌 22, 24, 29, 33, 54, 61, 74, 86, 93, 126, 130, 143, 152, 159

Museo Renault
Museu moderno e bem equipado de arte de vanguarda.
✉ Figueroa Alcorta 3301 (Palermo)
☎ 4802-9629/4802-7734/4802-0085 FAX: 4802-9626
Acesso pago.
🚌 67, 124, 130

Museo Ricardo Rojas
✉ Charcas 2837 (Palermo)
☎ 4824-4039
🕐 Diariamente, das 14h30 às 17h30.
🚌 34, 36, 55, 57, 111, 166

Museo Xul Solar
Exposição permanente das obras de Xul Solar.
✉ Laprida 1212 (Recoleta)
☎ 4824-3302
🚇 Linha D Estação Agüero
🕐 De segundas às sextas-feiras entre 14:00 e 20:00.
Acesso $3.

Parques, Praças e Jardins

Barrancas de Belgrano

As Barrancas de Belgrano são um desnível natural onde há cerca de cem anos foi instalado um grande parque no Bairro de Belgrano. O parque ocupa o equivalente a três quarteirões ladeado pelas Av. Juramento, Av Virrey Vértiz, 11 de Septiembre e La Pampa. Além de uma grande variedade de árvores e de uma vista razoável, as Barrancas abrigam algumas construções e monumentos interessantes como uma réplica da Estátua da Liberdade e "El Balcón de los Enamorados".

✉ Entroncamento de Av. Juramento, Av Virrey Vértiz, 11 de Septiembre e La Pampa (Belgrano)
🚌 Linhas 15, 29, 38, 42, 44, 55, 60, 63, 64, 113 e 118

Hipódromo Argentino

O Hipódromo foi inaugurado em 1876 e em 1908 foram ampliadas as arquibancadas e o espaço foi ajardinado.

✉ Av. Del Libertador 4105 (Palermo)
⏰ O hipódromo funciona aos domingos das 14h30 às 18h
🚌 Linhas 10, 34, 37, 130, 160, 161 e 166

Jardín Botánico

O Jardín Botánico Municipal Carlos Thays homenageia o célebre paisagista francês Carlos Thays que remodelou o Bois de Boulogne e residiu em Buenos Aires onde foi o Director General de Paseos. O jardim botânico portenho é um dos mais importantes do mundo. Foi inaugurado em 1898 e possui cinco mil espécies diferentes de plantas. Além das belas esculturas e construções espalhados por seus sete hectares, vale a pena conhecer o Museu de Botânica.

✉ Santa Fé 3951 (Palermo)
☎ 4831-0153/4831-6861
⏰ Diariamente de 8h às 18h.
Acesso gratuito.

Parques, Praças e Jardins

🚇 Linha D Estação Plaza Italia.
🚌 Linhas 12, 39, 64 e 152

Jardim Japonês

Um belo jardim doado pela comunidade japonesa em 1979 como parte das comemorações do centenário da imigração japonesa. Tem belos jardins e lagos com muitos peixes, especialmente carpas. No local funciona uma típica casa de chá japonesa.

✉ Casares e Adolfo Berro (Palermo)
☎ 4804-4922/4762-4778
⏰ Diariamente das 10h às 18h.
Acesso $2.
🚌 10, 34, 37, 130, 160, 161 e 166

Parque Lezama

Um dos parques mais atrativos da cidade. Alguns historiadores afirmam que o parque foi reduto do primeiro assentamento da cidade, promovido pelo navegante espanhol Pedro de Mendoza em 1536. Até o final do século XVIII foi local de comercialização de escravos negros. O parque abriga o Museo Histórico Nacional.

✉ Entre Brasil e Defensa (San Telmo)
🚌 4, 10, 24, 29, 39, 46, 53, 54, 62, 64, 74, 86, 93, 130, 143, 152, 154

Parque Tres de Febrero (Los Bosques de Palermo)

Esta área em Palermo era de propriedade, no distante ano de 1590, de um senhor chamado Don Juan Domíngues Palermo. Em 1839, Juan Manuel Rosas adquiriu a obra e fez as primeiras transformações. Em 1875, Domingo Sarmiento batizou a área de Parque Tres de Febrero, data da batalha de Caseros quando Rosas

Parques, Praças e Jardins

foi derrotado. No dia da inauguração do parque foi plantada uma magnólia que ainda resiste ao tempo na Av. Adolfo Berro (entre Sarmiento e Casares). Carlos Thays, em 1890, iniciou um processo de embelezamento da área colocando ali diversos monumentos e esculturas e cultivando plantas de diversas áreas do mundo. Não deixe de visitar, no interior do parque, o Rosedal.

✉ Entre Del Libertador, Figueroa Alcorta e Sarmiento (Palermo)
🚌 10, 34, 37, 130, 160, 161 e 166

Plaza Colón

Praça situada ao lado da Casa Rosada, no local onde estava instalado o edifício da Aduana Taylor (em homenagem ao engenheiro que a construiu em 1855). Na Plaza Colóm estão localizados o Monumento a Cristóvão Colombo (Monumento a Colón), o Monumento a Juan de Garay e o Museo de la Casa de Gobierno.

✉ Entre Rivadavia e H. Yrigoyen (Montserrat)
🚩 Linha A Estação Plaza de Mayo
🚌 6, 22, 26, 28, 29, 33, 50, 54, 56, 61, 91, 105, 130, 146, 152 e 155

Plaza de Mayo

A Plaza de Mayo é o centro político, financeiro e religioso de Buenos Aires. Aqui se encontram o Palácio do Governo (a Casa Rosada), o Banco de la Nación e a Catedral Metropolitana. A praça surgiu em 1580, com o nome de Plaza Mayor, e foi o centro da antiga aldeia colonial que deu origem a Buenos Aires. Foi aqui que em 1810, em frente ao Cabildo, o povo apoiou o primeiro governo argentino. No centro da praça está a Pirámide de Mayo, primeiro monumento da cidade, construída em comemoração ao primeiro aniversário da Revolução de 25 de Maio (1811), movimento que deu a independência aos argentinos. Em frente à Casa Rosada está o monumento ao Gen. Manuel Belgrano, um dos próceres da independência.

Casa Rosada

Parques, Praças e Jardins

⊠ Entre Rivadavia e H. Yrigoyen (Montserrat)
🚇 Linha D (Estação Catedral), Linha E (Estação Bolívar) e Linha A (Estação Plaza de Mayo)

Plaza del Congreso

Conjunto de praças localizado ao final da Av. de Mayo e em frente ao colossal prédio do Congreso Nacional. A praça abriga dois monumentos importantes: a réplica do (El) Pensador, feita por Rodin, e o Monumento a los Dos Congresos. Além disso, na praça há um monolito no local considerado o km zero de todas as rotas nacionais na Argentina.

⊠ Entre Rivadavia e H. Yrigoyen (Congreso)
🚇 Linha A Estação Congreso
🚌 7, 64, 86 e 105

Plaza Dorrego

Uma das praças mais antigas da cidade. Sua feira dominical de antigüidades é uma das maiores atrações de Buenos Aires. Nesse dia, a praça - e seus bares - é tomada por uma rica fauna que inclui músicos, cantores e dançarinos de tango. Uma festa.

⊠ Defensa e Humberto 1° (San Telmo)
🚌 22, 24, 33, 54, 61, 74, 86, 93, 126, 130, 143, 152, 159

Plaza Italia

É uma pequena praça por onde se tem acesso aos bosques de Palermo e onde, aos domingos, se realiza uma feira de roupas e artesanato.

⊠ Santa Fe, no entroncamento com Las Heras e Sarmiento (Palermo)
🚇 Linha D Estação Plaza Italia.
🚌 10, 12, 29, 34, 41, 55, 111, 118, 161, 161, 188, 194

Parques, Praças e Jardins

Plaza Lavalle

A praça é um local histórico de Buenos Aires, cenário de acontecimentos e combates importantes. Três prédios que a circundam são visita obrigatória para quem vai a Buenos Aires: o Teatro Colón, o Teatro Nacional Cervantes e o Palacio de Justicia.

✉ Entre Talcahuano e Libertad (Corrientes)
🚈 Linha D Estação Tribunales

Plaza San Martín

Um dos pontos mais conhecidos de BA, a Plaza é um lindo recanto arborizado e cercado por belos prédios históricos. No centro da praça está o monumento em homenagem ao libertador argentino, Gen. San Martín.

✉ Entre Florida e Maipú (Retiro)
🚈 Linha C Estação San Martín

Plazoleta San Francisco

A pequena praça está situada em frente à Iglesia de San Francisco, atravessando a Calle Alsina. Embora seja quase imperceptível aos passantes, vale a pena deter-se diante de quatro estátuas que ali estão e representam a indústria, a navegação, a astronomia e a geografia. O conjunto fazia parte originalmente da Pirámide de Mayo (Plaza de Mayo). Apesar de estar tomada por ambulantes, aos sábados ali funciona uma pequena feira de artesanato.

✉ Alsina esquina Defensa (Montserrat)
🚈 Linha E (Estação Bolívar) e Linha A (Estação Plaza de Mayo)

Reserva Ecológica Costanera Sur

A reserva surgiu naturalmente e é um passeio ecológico interessante em que se pode ver muitas espécies da flora e da

Parques, Praças e Jardins

Rosedal (Palermo)

Parques, Praças e Jardins

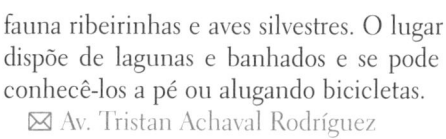

fauna ribeirinhas e aves silvestres. O lugar dispõe de lagunas e banhados e se pode conhecê-los a pé ou alugando bicicletas.

✉ Av. Tristan Achaval Rodríguez 1550
☎ 4315-1320/4315-4129
🚌 Linha 2

Vuelta de Rocha

Local do antigo porto, junto à boca do Riachuelo, era chamada pelos marinheiros de Plaza de los Suspiros. Hoje é uma pequena praça em forma de barco em La Boca, ponto de partida para o Caminito. Há ali alguns bares e uma feira de artesanato.

✉ Pedro de Mendoza e Valle Iberlucea (La Boca)
🚌 20, 29, 33, 53, 64 e 152

População

Na área metropolitana de Buenos Aires residem 11 milhões de pessoas. A maior parte da população descende de imigrantes espanhóis e italianos.

Porteños

Designação que se dá aos moradores de Buenos Aires, chamados assim por serem o "povo do porto".

Prédios e Construções Históricas

Anfiteatro

O anfiteatro foi construído no ano de 1914 seguindo como modelo os antigos anfiteatros gregos. Tem capacidade para dois mil espectadores.

⊠ Brasil com Balcarce (Parque Lezama - San Telmo)
🚇 Linha C Estação Constitución

Antigua Tasca de Cuchilleros

Casa construída no século 18 e depois reciclada.
⊠ Carlos Calvo 319 (San Telmo)
☏ 4362-3811
🚇 Linha B Estações Independencia e San Juan (Distantes sete quarteirões)

Antiguo Congreso Nacional

Local onde se encontra a Academia Nacional de la Historia. Entre 1864 e 1905, o prédio abrigou o Congresso argentino.

⊠ Balcarce 139 (Montserrat)
🚇 Linha A Estação Plaza de Mayo
⏰ Quintas-feiras, 15h - 17h.

Banco de la Nación

Edifício inaugurado em 1944. Sua cúpula, de quase 40 metros, é considerada uma das maiores do mundo. Suas portas de acesso pesam mais de dez toneladas e dizem que as colunas são capazes de suportar um porta-aviões. Essa fortaleza não surpreende, afinal, o prédio abriga o tesouro argentino. Nesse mesmo local foi construído no início do século XIX o Gran Coliseu de Buenos Aires e, em 1857, o primeiro Teatro Colón. E foi ali que os portenhos tomaram seus primeiros sorvetes, produzido com gelo trazido dos Estados Unidos.

⊠ Plaza de Mayo quase com 25 de Mayo
🚇 Linha A Estação Plaza de Mayo

Prédios e Construções Históricas

Cabildo

O Cabildo é um antigo prédio branco que representava o poder civil da comunidade. O prédio foi construído em 1609 e reparado e modificado por diversas vezes. Teve o primeiro relógio da cidade, ali colocado em 1765. Adquiriu a feição atual em 1771 e hoje abriga o Museu Histórico Nacional del Cabildo e o da Revolución de Mayo, onde estão expostas diversas coleções de armas, medalhas e mobiliário da época da independência (século XIX). No pátio posterior, diariamente funciona uma feira artesanal, a Feria de Diseño y Artesania Urbana del Cabildo. Foi diante do Cabildo que em 1810 foi proclamada a Revolución de Mayo que deu a independência aos argentinos.

✉ Bolívar 65 (Plaza de Mayo)
🚇 Linha E Estação Bolívar
🕐 Quintas a domingos, das 14h às 18h.

Caja de Previsión Social

Prédio sobre o qual encontra-se um curioso relógio cujo conjunto pesa quatro toneladas. O artefato foi instalado em 1926.

✉ Rivadavia 1745 (Congreso)
🚇 Linha A Estação Congreso

Casa Rosada

É a sede do governo argentino e abriga o Ministério do Interior, o gabinete do presidente da República e um interessante museu. Prédio de estilo eclético, construído entre 1862 e 1879, deve seu nome ao tom róseo da pintura, mandado pintar pelo presidente Domingo Sarmiento simbolizando a união de dois partidos rivais, um que utilizava a cor vermelha e outro que utilizava o branco. Na ala norte da Casa se encontrava o Forte, cujas ruínas de sua murada ainda podem ser vistas. Na parte superior da Casa Rosada está asteada uma enorme bandeira argentina, que

Prédios e Construções Históricas

conserva uma praxe que permite identificar a presença ou não do presidente. Quando houver junto à bandeira um galhardete o presidente está em la Casa.

✉ Plaza de Mayo (Montserrat)

🚇 Linha A Estação Plaza de Mayo

🕘 Das 9h às 17h, em horas ímpares, é possível ver a mudança da guarda do Palácio, efetuada pelo regimento de granaderos, vestindo uniformes históricos. Aos sábados a cerimônia se dá entre 9h e 11h e aos domingos entre 9h e 13h.

Cemitério da Recoleta

É o cemitério mais antigo da cidade, fundado em 1822, e é um dos mais importantes do mundo pela importância de suas obras artísticas. Nele está o jazigo da Família Duarte, onde está sepultada Evita

Recoleta à noite

Prédios e Construções Históricas

Perón, além de diversas personagens históricas e membros da elite argentina.

✉ Junín 1760, em frente à Plaza del Pilar (Recoleta)
☎ 4803-1594
🕐 8h às 18h.

Centro Cultural Ciudad de Buenos Aires

O Centro ocupa o antigo solar do Convento dos Padres Recoletos. Estão expostos ali diversos trabalhos artísticos coordenados pelos museus municipais de Buenos Aires.

✉ Junín 1930 (Recoleta)

Centro Cultural Catedral

Edifício histórico que aproveita uma das primeiras casas de dois pisos construída em BA. Não se sabe a data da construção, mas existem documentos que comprovam sua venda em 1831.

✉ Rivadavia 781 (Montserrat)
☎ 342-3212
🚇 Linha A Estação Lima e Linha C Estação Av. de Mayo

Centro Cultural Recoleta

Prédio foi originalmente o convento dos Monges Recoletos, construído em 1717. Possui diversas salas de exposições, teatro e livraria.

✉ Junín 1930 (Recoleta)
☎ 803-3260
🚌 10, 17, 38, 59, 61, 62, 67, 101, 108, 110 e 124

Circulo Militar

Uma preciosidade arquitetônica que lembra o Palácio do Louvre. O hall central é uma réplica do Palácio dos Inválidos, de Paris. No primeiro piso, os salões de festas e de jantar são

Prédios e Construções Históricas

reproduções de salões do Vaticano. O prédio comporta ainda um interessante museu de armas.
✉ Santa Fé 750 esquina com Maipú (Plaza San Martín, Retiro)
🚇 Linha C Estação San Martín

Clube dos Pescadores

Construção pitoresca datada de 1937. Local para ver a cidade de forma privilegiada.
✉ Av. Rafael Obligado 4500
🚌 45

Colegio Nacional de Buenos Aires

O colégio foi construído pelos jesuítas em 1732. Teve ilustres alunos, entre eles o General Manuel Belgrano. Em 1925, Einstein esteve no colégio para uma conferência. Depois da expulsão do jesuítas das colônias espanholas o prédio abrigou diversas instituições e passou por algumas recuperações que foram, aos poucos, mudando quase completamente sua aparência original. Se tiver tempo procure conhecer a Biblioteca e os túneis que se comunicam com outros sítios históricos da cidade.
✉ Bolívar 263 esquina Moreno (Montserrat)
🚇 Linha E Estação Bolívar.

Complejo Edificio Catalinas Norte

São três edifícios de linha modernista localizados entre L. N. Alem e Córdoba (Retiro), numa parte do rio que foi aterrada. São conhecidos como Torres Catalinas Norte.

Confiteria El Molino

Tradicional café portenho, foi inaugurado em 1917, sendo uma das primeiras construções em estilo art nouveau de BA. Chegou a ser a maior confeitaria da América Latina. Decadente nos últimos anos,

Prédios e Construções Históricas

o Café atualmente está fechado, à espera de uma recuperação do prédio e das instalações.

⊠ Rivadavia esq. Callao (Congreso)
🚇 Linha A Estação Congreso.

Congreso Nacional

Prédio construído em estilo greco-romano e inaugurado em 1906 para abrigar o Congresso argentino. Há diversos e interessantes salões para conhecer: Salón de Los Pasos Perdidos; Salón Azul, que possui uma belíssima cúpula toda revestida em cobre; e o Salón Rosado. Outra grande atração é a Biblioteca del Congreso, que possui um acervo de mais de um milhão de títulos. As sessões do Congreso são abertas ao público.

⊠ Plaza del Congreso
☎ 4953-3081
⏰ Visitas guiadas nas segundas, quartas e sextas-feiras em dois horários: 11h e 17h.
🚇 Linha A Estação Congreso
Acesso gratuito.

Consejo Deliberante

Palácio estilo Luís XIV inaugurado no início da década de 30. Possui 26 estátuas de escultores argentinos em suas frentes. O interior do palácio é luxuoso. O Salão Dourado é uma réplica do Salão dos Espelhos do Palácio de Versailles.

⊠ Perú com Hipólito Yrigoyen (Plaza de Mayo)
🚇 Linha A Estação Perú e Linha E Estação Bolívar
Acesso: $2.
⏰ Pode-se fazer visitas guiadas aos sábados e domingos, 17h, a partir da Manzana de las Luces. Há ainda um salão de exposições que pode ser visitado de segundas a sextas, de 14h às 19h30.

Prédios e Construções Históricas

Correo Central
Edifício em estilo neoclássico inaugurado em 1928 e considerado na época o edifício mais monumental da Argentina.
✉ Sarmiento 151/189 (Montserrat)
☎ 4311-4000
Acesso: gratuito.

El Repecho de San Telmo
Prédio histórico, construído em 1807, onde se pode conhecer muito do estilo portenho do início do século passado.
✉ Carlos Calvo 242 (San Telmo)

El Viejo Almacén
Edifício datado de 1780, um antigo armazém de quando o rio chegava até o Paseo Colón. Em 1844 abrigou o primeiro hospital britânico. É um dos endereços mais conhecidos do tango argentino.
✉ Independencia e Balcarce (San Telmo)

Farmacia de la Estrella
A Farmácia de La Estrella é uma viagem ao início do século. A farmácia está conservada da mesma maneira como era em 1900 e conserva interessantes pinturas no teto. Localizada não por acaso numa esquina defronte da Iglesia de San Francisco. Era comum em Buenos Aires as farmácias estarem junto às igrejas para que os necessitados pudessem localizá-las facilmente seguindo o som dos sinos. No 2.º andar do prédio aproveite para visitar o Museo de la Ciudad.
✉ Alsina 412 (Montserrat)
☎ 4343-4040
🚇 Linha A Estação Plaza de Mayo e Linha E Estação Bolivar

Los Patios de San Telmo
Uma grande casa em estilo neocolonial, com cerca de 100 anos, onde funcionam ateliês e lojas de artesanato.

Prédios e Construções Históricas

✉ Pasaje San Lorenzo 319 (San Telmo)
🚌 2, 22, 29, 33, 54, 61, 74, 86, 93, 126, 130, 146, 152 e 159

Manzana de Las Luces

Monumento histórico nacional. Tem esse nome desde 1821, quando era o grande foco intelectual de Buenos Aires, local onde funcionavam diversas instituições como o museu público e a universidade. A Manzana (que significa literalmente quadra ou quarteirão) oferece salas de teatro, cinema, exposições e oficinas culturais e abriga prédios como a Iglesia de San Ignacio, a Universidade de Buenos Aires (construída em 1730 como Procuradoria de Misiones) e o Colegio Nacional de Buenos Aires, primeiro colégio secundário da cidade, construído em 1732. Uma série de túneis da época jesuítica cruza a Manzana unindo-a ao Cabildo e às principais igrejas. Alguns historiadores afirmam que, como a cidade não era fortificada, esses túneis serviriam para a defesa ou fuga dos cidadãos em caso de ataque inimigo. Mas os objetos descobertos (moedas, garrafas etc) dão quase a certeza de que esses túneis foram usados na época colonial por contrabandistas. Os túneis foram descobertos em 1911, quando se faziam as escavações para a linha A do subte.

Na Manzana funciona também o Mercado de las Luces, onde pode-se adquirir artesanato e antigüidades.

✉ Perú 272 e 294 (Montserrat)
☎ 4331-9534/4342-4655
🚇 Linha A Estação Plaza de Mayo, Linha D Estação Catedral e Linha E Estação Bolívar
Acesso pago: $2.

❦ As visitas guiadas ocorrem em diversos horários e fazem roteiros diferentes. Procure ligar para a Manzana para optar pelo roteiro e horário que mais lhe convier. Para crianças de 8 a 11 anos há um horário especial: sextas-feiras, às 15h.

Prédios e Construções Históricas

🚌 22, 24, 28, 29, 33, 50, 54, 61, 74, 86, 91, 105, 126, 130, 142 e 152

Palacio de Justicia (Tribunales)
É um belo edifício construído no início do século com influência greco-romana. É a sede do Poder Judiciário e da Corte Suprema.
✉ Talcahuano com Lavalle (Plaza Lavalle, Tribunales)
Linha D Estação Tribunales

Palacio Municipal (Intendencia)
É o edifício da intendência de Buenos Aires e teve iniciada sua construção em 1891.
✉ Av. de Mayo 525 (Montserrat)
☎ 4312-2232
🚇 Linha A Estação Perú
Acesso gratuito.

Palacio Pereda
A residência do embaixador brasileiro em Buenos Aires é o destaque arquitetônico de uma região rica em prédios de influência marcadamente francesa. O prédio, construído em 1921, é baseado no Museu Jacquemart-André, de Paris, e era de propriedade de um estancieiro chamado Celedonio Pereda. Além da beleza arquitetônica, o prédio conserva em seu interior uma grande coleção de obras de arte.
✉ Arroyo 1130 (Retiro)

Planetário Galileo Galilei
O prédio do planetário parece uma nave espacial. No interior dele, um sistema de projetores e equipamentos a laser apresentam espetáculos sobre a formação do universo e principais descobrimentos científicos do homem. Possui um museu e uma biblioteca de astronomia e mostra dois meteoritos caídos na província do Chaco.

Prédios e Construções Históricas

✉ Plaza Benjamin Gould (Av. Sarmiento com Belisário Roldán - Palermo)
☏ 4771-6629
🕐 Abre aos sábados, às 15h, 16h30 e 18h, e aos domingos às 16h30, 18h e 19h30.
Ingresso: $4
🚌 Linhas 10, 34, 37, 130, 160, 161 e 166

Puentes Nicolás Avellaneda

Em La Boca existem duas pontes – Viejo Puente e Puente Nuevo – que têm o nome do ex-presidente argentino Nicolás Avellaneda. A ponte velha, desativada na década de 40, serviu durante muitos anos para atravessar o Riachuelo. Ela foi construída em ferro e transportava pessoas e carros de uma maneira peculiar: dentro de uma cabina. Embaixo das pontes estão os "boteros" que fazem a travessia de trabalhadores que moram na província e deslocam-se para a capital federal.

A nova ponte é um dos poucos lugares de Buenos Aires – a cidade é plana – em que se pode ter uma vista mais ampla da cidade.

✉ Pedro de Mendoza (La Boca), próximo à Calle Necochea
🚌 20, 29, 33, 53, 53, 64 e 152

Salas Nacionales de Cultura "Palais de Glace"

Edifício construído na década de 10 para funcionamento de uma pista de patinação sobre gelo. Nele atuou a orquestra de tango de Francisco Canaro.

✉ Posadas 1725 (Recoleta)
☏ 4804-4324
🕐 Funcionam de segundas a sexta-feiras, das 13h às 20h, e sábados e domingos de 15h às 20h.

Tribunales

Veja Palacio de Justicia (p. 126).

Religião

Existe completa liberdade de cultos. A religião oficial é a Católica Apostólica Romana.

Restaurantes

Cozinha Argentina

A multiplicidade étnica de Buenos Aires, com fortes influências espanhola, italiana, francesa, árabe e judaica, manifesta-se também na gastronomia portenha e na grande variedade de restaurantes que a cidade oferece. Mesmo assim, consulte seu cardiologista antes da viagem. A base da cozinha argentina é a carne, um dos mais importantes produtos de exportação do país, principalmente cortes como o "bife de chorizo" ou o "asado".

A carne também é a base da tradicionalíssima "parrillada", um assado de diversos cortes de gado e cordeiro que pode incluir também vísceras e queijo. A "parrilla" é uma grande grelha, normalmente visível ao público nos restaurantes, colocada diretamente sobre fogo a lenha. Apreciador dos assados, o argentino consome em média 56 quilos de carne por ano.

Outra tradição portenha é a "empanada", um disco de massa recheado normalmente com carne, ovos picados e azeitonas (empanada criolla), levado ao forno para assar.

E, não se pode esquecer, as pizzas. Elas são primorosas.

As zonas gastronômicas são Puerto Madero, Las Cañitas, Recoleta, Palermo Soho, Palermo Hollywood e San Telmo. Costuma-se jantar após as 21 horas. A gorjeta não é obrigatória e não tem porcentagem fixa.

Fast-Food

Se você tem pressa e a sua fome de conhecimento é maior do que a do estômago, abaixo estão relacionados alguns endereços para comer rápido. Mas, cá pra nós, tente pular essa lista.

Restaurantes

Burger King
✉ Florida esq. Corrientes (San Nicolas)
Hambúrguer
⏰ Abre diariamente ao meio-dia e à noite.

Clinton Plaza
✉ Reconquista 545 (San Nicolas)
Saladas e pastas.
⏰ Abre de segundas a sextas, ao meio-dia.

Columbus
✉ Alícia M. de Justo 292 (Puerto Madero)
Cardápio variado e preços razoáveis.
⏰ Abre diariamente ao meio-dia e à noite.

Lotos
✉ Córdoba 1577 (San Nicolas)
Comida natural e pratos chineses.
⏰ Abre de segundas a sábados somente para almoço.

Mac Donald's
✉ Cerrito esq. Libertador (Retiro)
Hambúrguer.
⏰ Abre diariamente ao meio-dia e à noite.

Pepino
✉ Del Libertador 14475 (Acassuso)
Hambúrguer.
⏰ Abre diariamente ao meio-dia e à noite. Local pitoresco.

San Antonio
✉ Republica Arabe Siria 3001 (Palermo)
Pescados.
⏰ Abre diariamente ao meio-dia e à noite.

Restaurantes

Schlotzki's Deli
✉ Corrientes 480 (San Nicolas)
⏰ Abre de segundas à sextas ao meio-dia e à noite e sábados ao meio-dia.

Pizzarias

Buenos Aires tem ótimas pizzarias. E muitas: são cerca de 1.300. Os preços são acessíveis, mas muitas não aceitam cartão de crédito. Confira uma lista básica do que há de melhor na capital argentina:

Angelín
✉ Córdoba 5270 (Villa Crespo)
☎ 4775-9973/4774-3836
⏰ Abre somente à noite.
Preços variam entre $5 e $15.
Prove a pizza "de cancha", de tomate, com 16 fatias.

El Codo de Oro
✉ Alberti 1901 (Parque Patricios)
☎ 4941-0315
⏰ De terças a domingos, somente à noite.
Preços variam entre $10 e $20.

El Cuartito
✉ Talcahuano 937 (Retiro)
☎ 4393-1758/4393-4337
Abre diariamente ao meio-dia e à noite.
Não aceita cartões de crédito.
Preços variam entre $5 e $20.

✉ **Filo**
☎ San Martín 975 (Retiro)
⏰ 4311-0312/4311-1871
Mistura de café, pizzaria e galeria de arte. Um lugar animadíssimo num ambiente fashion. Possui um espaço para exposições de arte no porão. Os mais descolados podem garantir no Filo

Restaurantes

ingressos para shows e discotecas na cidade, distribuídos gratuitamente por divulgadores e produtores culturais.

Güerrin
✉ Corrientes 1368 (San Nicolas)
☎ 4371-8141
⏰ Abre ao meio-dia e à noite.
Aceita os principais cartões de crédito.
Preços variam entre $10 e $25.

La Mezzetta
✉ Alvares Thomas 1381 (Belgrano)
☎ 4554-7585
⏰ Abre diariamente ao meio-dia e à noite.
Preços variam entre $5 e $10.
Excelente pizzaria que reúne um público diverso, popular.

Los Cocos
✉ Córdoba 1303 (Palermo)
☎ 4963-0457
⏰ Aberta 24 horas.
Preços variam entre $5 e $15.

Los Inmortales
✉ Corrientes 1369 (San Nicolas)
☎ 4373-5303
⏰ Abre diariamente ao meio-dia e à noite.
Preços variam entre $15 e $25.
Aceita os principais cartões de crédito.
Uma das melhores e mais tradicionais pizzarias de BA.

Piola
✉ Libertad 1078 (Retiro)
☎ 4812-0690/4815-4746
⏰ Abre diariamente ao meio-dia e à noite.
Aceita os principais cartões de crédito.

Restaurantes

Preços variam entre $25 e $35.
Outra das pizzarias que misturam bar, café, espaço cultural, exposições de arte e pizzas excelentes. A Piola possui duas casas em São Paulo e outras duas na Itália.

Pizza Cero
✉ Cerviño 3701
☎ 4803-3449
Cozinha italiana.
⏰ Aberto diariamente à noite.
Confira a aceitação de cartões de crédito.
Preços variam entre $30 e $60.
O restaurante possui mais três filiais: na Recoleta, em San Isidro e Punta del Este.

Pizza Hut
✉ Cabildo 3215 (Nuñes)
☎ 4783-9583
⏰ Abre diariamente ao meio-dia e à noite.
Preços variam entre $10 e $20.
Aceita os principais cartões de crédito.
Há mais de 15 pizzarias da rede em BA.

Romario
✉ Arenales 2007 (Retiro)
☎ 4511-4444
⏰ Abre diariamente ao meio-dia e à noite.
Preços variam entre $10 e $20.
Ótima pizzaria freqüentada basicamente por jovens e adolescentes.

Gastronomia (Restaurantes por Bairro)

Buenos Aires é uma das cidades com maior índice de consumo de carne do mundo e isso fica evidenciado na boa oferta e qualidade de seus restaurantes. A seguir fornecemos alguns endereços do que há de melhor em gastronomia na capital argentina, com uma média

Restaurantes

aproximada de preços e uma categorização que vai até três estrelas. Lembre-se: procure sempre fazer reservas e confirmar horários. Para quem quer gastar menos a cidade também oferece ótimas opções. Elas vão desde as redes de fast-food até os restaurantes frugais e com "tenedor libre"(bufê), opções mais ao alcance de quem quer gastar pouco.

Ademais, Buenos Aires oferece quase 60 tipos diferentes de etnias gastrônomicas em cerca de três mil restaurantes. Os restaurantes aqui nomeados são considerados os melhores e, portanto, nem sempre são baratos. Pelo contrário, os melhores restaurantes, aqueles considerados alta gastronomia, ostentam em seus cardápios preços que variam entre $40 a $120 por cada prato. Já as pizzarias e os restaurantes de "tenedor libre" custam de $5 a $8 e os restaurantes médios saem em torno de $15 a $30 por refeição.

Todos os restaurantes estão citados por bairros.

Restaurantes - Belgrano

Big Mamma
✉ Matienzo 1599 esq. Migueletes
☎ 4772-0926
Delicatessen.
⏰ Abre todos os dias ao meio-dia e à noite.
Aceita os principais cartões.
O preço médio varia de $8 a $20.
Lugar para comer bem e barato e encontrar cerca de 900 diferentes bons produtos importados. Um paraíso para gourmets. Há também uma casa em Palermo (Cabello 3760).

Da Orazio
✉ Cuba 2220
☎ 4786-0088
Cozinha internacional.
⏰ Abre de terças a sábados somente à noite.
Aceita os principais cartões de crédito.
Preços variam entre $40 e $55.

Restaurantes

Haiku
✉ Congreso 1618
☎ 4789-0911
Cozinha japonesa.
⏰ Abre de terças a domingos à noite.
Aceita os principais cartões de crédito.
Preços variam entre $40 e $55.

La Fornarina
✉ Arcos 1855
☎ 4784-2718
Cozinha italiana.
⏰ Fecha nas segundas ao meio-dia.
Aceita os principais cartões de crédito.
Os preços variam entre $30 e $45.

Morriña
✉ Zapata 301 esq. Matienzo
☎ 4771-0190
Cozinha espanhola (galega)
⏰ Abre de terças a sábados á noite e aos domingos ao meio-dia.
Aceita os cartões Visa e American Express.
Preços variam entre $50 e $60.

Mykonos
✉ Olleros 1752
☎ 4779-9000
Cozinha grega.
⏰ Funciona diariamente.
Aceita os principais cartões de crédito.
Os preços variam entre $36 e $45.

Sucre
✉ Sucre 676
☎ 4782-9082
Cozinha portenha internacional.

Restaurantes

⏰ Abre diariamente ao meio-dia e à noite.
Aceita os principais cartões de crédito.
Preços variam entre $30 e $55.
O Sucre foi aberto recentemente e já é um festejado endereço da gastronomia portenha.

Verace
✉ Federico Lacroze, 2173
📞 4772-3355
Cozinha Italiana.
⏰ Abre diariamente para almoço e jantar.
Aceita os cartões mastercard e American Express.
Preços variam entre $40 e $55.
Aberto recentemente, o Verace explora a cozinha italiana tradicional, com boa oferta de risotos e massas. Possui ambiente externo para as noites de verão.

Restaurantes - Congreso e Once

Basque Français
✉ Moreno 1370 1º Piso (Congreso)
📞 4384-2300
Cozinha basca, pescados e mariscos.
⏰ Abre de segundas a sábados ao meio-dia e à noite.
Aceita os principais cartões de crédito.
Preços variam entre $30 e $60.

Club Sueco
✉ Tacuarí 147 - Piso 5
📞 4334-7813
Cozinha escandinava.
⏰ Abre de segundas a sextas ao meio-dia.
Não aceita cartões de crédito.
Preços variam entre $25 e $35.
O Club Sueco é sucedâneo do tradicional Asociación Sueca.

Restaurantes

El Imparcial
✉ Hipólito Yrigoyen 1201
☎ 4383-2919/4383-7536
Cozinha espanhola e argentina.
🕰 Abre diariamente à noite e ao meio-dia.
Aceita os principais cartões de crédito.
Preços variam entre $25 e $35.

Mamá Jacinta
✉ Tucumán 2580 (Once)
☎ 4962-9149/4962-7535
Cozinha internacional.
🕰 Fecha nas sextas à noite e aos sábados ao meio-dia.
Aceita os principais cartões de crédito.
Preços variam entre $25 e $35.
Uma inusitada fusão de cozinha portenha e kosher.

Museo del Jamón
✉ Cerrito 8 esquina Rivadávia
☎ 4382-4144
Cozinha espanhola.
🕰 Abre diariamente para almoço e jantar.
Aceita os principais cartões de crédito.
Preços variam entre $40 e $60.

Nihonbashi
✉ Moreno 2091
☎ 4951-7381
Cozinha japonesa.
🕰 Abre diariamente, à noite, de terças a domingos.
Aceita os principais cartões de crédito.
Preços variam entre $30 e $70.
É um dos melhores japoneses de Buenos Aires.

Restaurantes

Yuki
✉ Pasco 740 (Balvanera)
☎ 4942-7510
Cozinha japonesa.
🕒 Abre de segundas a sábados ao meio-dia e à noite.
Aceita os principais cartões de crédito.
Preços variam entre $30 e $60.
É uma ótima opção para quem deseja experimentar pratos mais raros da cozinha japonesa.

Restaurantes - La Boca

Don Carlos
✉ Brandsen esq. Del Valle Iberlucea
☎ 4362-2433
Cozinha portenha.
🕒 Abre de segunda a sábado à noite e ao meio-dia, mas fecha em dias de jogos na Bombonera.
Não aceita cartões de crédito.
Preços variam entre $25 e $35.

El Obrero
✉ Agustín R. Caffarena 64
☎ 4362-9912
Cozinha portenha.
🕒 Fecha em domingos e feriados.
Não aceita cartões de crédito.
Preços variam entre $15 e $25.
É um dos mais tradicionais restaurantes da Boca.

Il Matterello
✉ Martín Rodrigues 517 esquina Pinzón
☎ 4307-0529
Cozinha italiana.
🕒 Abre de terças a sábados ao meio-dia e à noite e aos domingos ao meio-dia.

Aceita cartão American Express.
Preços variam entre $35 e $45.

Restaurantes - Las Cañitas

Las Cañitas não é um bairro e sim uma parte de Palermo, junto ao Campo de Polo de Palermo. Mas, como é um emergente circuito gastronômico, daremos destaque aos seus restaurantes.

Arguibel, Wine, Food & Arts
✉ Andrés Arguibel 2826
☎ 4899-0070
Cozinha portenha.
🕒 Abre diariamente para almoço e jantar.
Aceita os cartões de crédito Visa e Mastercard.
Preços variam entre $30 e $50.
Misto de restaurante, bar e galeria de arte.

Bokoto
✉ Huergo 261
☎ 4776-6505
Cozinha internacional.
🕒 Abre diariamente somente à noite.
Aceita os principais cartões de crédito.
Preços variam entre $35 e $45.
Cozinha versátil, serve desde sushis até parrilladas.

Eh! Santino
✉ Báez 194
☎ 4779-9060
Cozinha italiana.
🕒 Abre diariamente para almoço e jantar.
Aceita cartão American Express.
Os preços variam de $35 a $45.

Restaurantes

El Estanciero
✉ Báez 202
☎ 4899-0951
Cozinha argentina (parrillada).
⏰ Abre diariamente à noite e ao meio-dia.
Aceita os cartões de crédito Mastercard e American Express.
Preços variam entre $25 e $35.

Lotus Neo Thai
✉ Ortega y Gasset 1782 - 1º piso
☎ 4771-4449
Cozinha tailandesa.
⏰ Abre de terças a domingos somente à noite.
Aceita os principais cartões de crédito.
Os preços variam de $45 a $55.

Soul Café
✉ Báez 246
☎ 4778-3115
Cozinha de autor.
⏰ Abre diariamente à noite. Fecha nas segundas
Aceita os principais cartões de crédito.
Os preços variam de $35 a $45.
É um lugar divertido, com boa comida, boa música e estética seguindo os cânones dos anos 70.

Restaurantes - Montserrat e San Nicolas

Abc
✉ Lavalle 545
☎ 4393-3992
Cozinha alemã.
⏰ Abre de segundas a sextas-feiras, ao meio-dia e à noite.
Aceita todos os cartões de crédito.
Preços variam entre $15 e $30.

Restaurantes

A *Abc* é uma cervejaria tradicional, mas já está um pouco decadente.

Aralar
✉ Corrientes 280 (San Nicolás)
☎ 4321-6750
Cozinha espanhola.
⏰ Abre diariamente à noite e ao meio-dia.
Aceita os principais cartões de crédito.
Preços em média de $50.
O restaurante faz parte do NH Hotel e é um dos melhores endereços para comer frutos do mar na cidade.

Broccolino
✉ Esmeralda 776
☎ 4322-9848/4322-7754
Cozinha italiana e argentina.
⏰ Abre todos os dias ao meio-dia e à noite.
Aceita os principais cartões.
Os preços variam entre $25 e $40.
O restaurante costuma receber muitos turistas.

Broker Bar
✉ Sarmiento 342
☎ 4342-9970
Cozinha portenha.
⏰ Abre de segundas a sextas à noite e ao meio-dia.
Aceita cartão Visa.
Preços variam entre $25 e $35.
O restaurante é de cozinha portenha tradicional, mas o estilo é de um pub inglês.

Campo dei Fiori
✉ Venezuela 1411 (Montserrat)
☎ 4381-1800/4381-8402
Cozinha Italiana.

Restaurantes

🕒 Abre diariamente à noite e ao meio-dia.
Não aceita cartões de crédito.
Preços variam entre $25 e $35.

Claridge's
✉ Tucumán 535
📞 4314-7700
Cozinha internacional.
🕒 Abre diariamente ao meio-dia e à noite. Fecha aos sábados e domingos, à noite.
Aceita os principais cartões de crédito.
Preços variam entre $35 e $50.
Oferece um cardápio a preço fixo a $26.
Um clássico da gastronomia portenha há décadas.

Cosmopolitain
✉ 25 de mayo 597 - 1º andar
📞 4893-2332
Cozinha internacional.
🕒 Abre ao meio-dia de segundas a sextas.
Aceita cartões Visa.
Preços variam entre $35 e $45.

Dadá
✉ San Martín 941 (San Nicolás)
📞 4314-4787
Cozinha portenha.
🕒 Abre de segundas a sábados.
💳 Aceita os principais cartões de crédito.
Preços variam entre $25 e $35.

Ichisou
✉ Venezuela 2145 (Montserrat)
✉ 4942-5853/4943-6442
🍴 Cozinha japonesa.
🕒 Abre de segundas a sextas à noite e ao meio-dia e aos

Restaurantes

sábados somente à noite.
Aceita os principais cartões de crédito.
Preços em média de $50.

La Pérgola
✉ Córdoba 680 - Hotel Kempinski Libertador - 3º piso (San Nicolas)
4322-8800/4322-9236/4322-8395
🕑 Cozinha internacional.
Abre diariamente das 6 às 24h.
Aceita os principais cartões de crédito.
Ao meio-dia oferece um bufê a $32 e os preços, na carta, variam entre $40 e $60.

Lo Rafael
✉ México 1501 (Montserrat)
☎ 4383-7943
Cozinha portenha.
🕑 Abre de terças a domingos.
Aceita os principais cartões de crédito.
Preços em média de $30.
Tradicional restaurante de cozinha argentina com boa relação de preço e qualidade.

Mediterráneo
✉ Moreno 809 piso 1 - Hotel Intercontinental (Montserrat)
☎ 4340-7200/4340-7100
Cozinha internacional.
🕑 Aberto diariamente para o café da manhã, ao meio-dia e à noite.
Aceita os principais cartões de crédito.
Preços a partir de $50.
Oferece menus a preços fixos no almoço, inclusive aos domingos.

Meson Navarro
✉ Lavalle 168 (San Nicolás)

Restaurantes

📞 4314-2072
Cozinha basca.
⏰ Abre diariamente à noite e ao meio-dia.
Aceita os principais cartões de crédito.
Preços variam entre $35 e $45.

Plaza Mayor
✉ Venezuela 1399 (Montserrat)
📞 4383-0788/4383-3802
Cozinha espanhola.
⏰ Aberto diariamente à noite e ao meio-dia.
Aceita os principais cartões de crédito.
Preços variam entre $35 e $45.
A boa relação entre qualidade e preço costuma atrair muita gente. Para evitar filas, faça reservas antecipadamente.

Sorrento
✉ Corrientes 668 (San Nicolás)
📞 4325-3787/4325-7774
Cozinha portenha.
⏰ Fecha aos domingos.
Aceita os principais cartões de crédito.
Preços variam entre $35 e $45.

Tomo 1
✉ Carlos Pellegrini 521 - Entrepiso do Hotel Crowne Plaza (San Nicolas)
📞 4326-6698/4326-6695
www.tomo1.com.ar
⏰ Abre diariamente ao meio-dia e à noite. Fecha nos sábados ao meio-dia e aos domingos.
Preços a partir de $60.
Oferece um menu ao meio-dia a $40 e o menu Teatro, à noite, a $50.
Considerado um dos melhores restaurantes argentinos.

Restaurantes

Restaurantes - Palermo

Al Andaluz
✉ Godoy Cruz 1823
☎ 4832-9286
Cozinha Italiana.
🕐 Abre de segundas a sábados para o jantar.
Aceita os principais cartões de crédito.
Preços variam entre $35 e $45.

Bar Uriarte
✉ Uriarte 1572 (Palermo Viejo)
☎ 4834-6004
Cozinha internacional.
🕐 Abre de segundas a sábados, domingos ao meio-dia e à noite.
Aceita os principais cartões de crédito.
Preços variam entre $35 e $45.

Bella Italia
✉ República Árabe Síria 3285
☎ 4802-4253
Cozinha Italiana.
🕐 Abre de segundas a sábados somente para o jantar.
Aceita os principais cartões de crédito.
Preços variam entre $35 e $45.

Cielito Lindo
✉ El Salvador 4999 esq. Thames
☎ 4832-8054
Cozinha mexicana.
🕐 Abre diariamente para o jantar.
Não aceita cartões de crédito.
Preços variam entre $25 e $35.

Restaurantes

Club del Vino
✉ Cabrera 4737 (Palermo Viejo)
☏ 4833-0048
Cozinha argentina.
⏰ Abre de terças a sábados somente à noite.
Aceita os principais cartões de crédito.
Preços variam entre $25 e $40.
Há uma boa oferta de vinhos e um café-concerto.

Cosa Nostra
✉ Cabrera 4270 (Palermo Viejo)
☏ 4862-1906/4864-1946
Cozinha portenha.
⏰ Abre diariamente à noite e domingos ao meio-dia.
Fecha na segunda-feira.
Aceita os principais cartões de crédito.
Os preços variam entre $25 e $35.

Gaucho Grill
✉ Cervino 3732
☏ 4805-4643
Cozinha argentina.
⏰ Abre de terças a domingos à noite e ao meio-dia.
Aceita os principais cartões de crédito.
Preços variam entre $25 e $35.
Parrilla. O forte são os assados, mas serve também carnes exóticas.

Jardín Japonês
✉ Casares 2966
☏ 4800-1322
Cozinha japonesa.
⏰ Fecha nas terças-feiras.
Aceita os principais cartões de crédito.
Preços variam entre $15 e $25.

Restaurantes

Katmandu
✉ Córdoba 3547 (Palermo Viejo)
☎ 4963-1122/4963-3250
Cozinha hindu.
⏰ Abre de segundas a sábados somente à noite.
Aceita os principais cartões de crédito.
Preços variam entre $20 e $45.

La Catedra
✉ Cerviño 4699 com Sinclair
☎ 4777-4601
Cozinha portenha.
⏰ Abre ao meio-dia e à noite. Serviço de bar durante todo o dia.
Aceita os principais cartões de crédito.
Oferece um menu executivo, com opção para saladas. Na carta os preços variam entre $25 e $40.

Museo Renault
Figueroa Alcorta 3399 (Palermo Chico)
✉ 4802-9626/4802-0085
☎ Cozinha internacional.
Abre diariamente ao meio-dia e à noite.
⏰ Aceita os principais cartões de crédito.
Preços variam entre $30 e $60.
De segundas a sexta-feiras, ao meio-dia, oferece cardápio a preço fixo.

Olsen
Gorritti 5870 (Palermo Viejo)
✉ 4776-7677
☎ Cozinha internacional.
Abre de terças a domingos.
⏰ Aceita cartões Visa e American Express.
Preços variam entre $35 e $45.

Restaurantes

Río Alba
✉ Cerviño 4499 esquina Oro
☎ 4773-5748/4773-9508
Parrilla.
🕐 Abre diariamente ao meio-dia e à noite.
Aceita os principais cartões de crédito.
Preços variam entre $30 e $40.

Sinclair
✉ Sinclair 3096
☎ 4899-0283
Cozinha espanhola.
🕐 Abre de segundas a sextas à noite e ao meio-dia. Aos sábados somente à noite.
Aceita os principais cartões de crédito.
Preços variam entre $45 e $55.
Ao meio-dia oferece menu a preço fixo. Ótima carta de vinhos.

Te Mataré, Ramírez
✉ Paraguay 4062
☎ 4831-9156
Cozinha multi-étnica e afrodisíaca.
🕐 Abre diariamente à noite.
Aceita os principais cartões de crédito.
Os preços variam entre $25 e $35.
São duas casas, uma na Paraguay outra em San Isidro. Shows e exposições.

Thymus
✉ Lerma 525 (Palermo Viejo)
☎ 4772-1936
Cozinha francesa.
🕐 Abre de terças a sábados para o jantar.
Aceita os principais cartões de crédito.
Preços variam entre $35 e $45.

Restaurantes - Puerto Madero

O Puerto Madero já é o maior complexo gastronômico da cidade. Não conte com ele, no entanto, se você quiser fazer suas refeições em horários heterodoxos. Praticamente todos abrem apenas para almoço e jantar. O Paquebot abre fora dos horários tradicionais apenas como cafetería. Boa opção também é a sorveteria Freddo, uma das melhores e mais variadas de Buenos Aires (Av. Alícia M. de Justo 292).

Bice
- Av. Alícia M. de Justo 192
- 4315-6216/4315-6217

Cozinha italiana.
Abre diariamente ao meio-dia e à noite.
Aceita os principais cartões de crédito.
Os preços variam entre $30 e $50.

Cabaña Las Lilas
- Av. Alícia M. de Justo 516
- 4313-1336

Parrilla.
Abre diariamente ao meio-dia e à noite.
Aceita cartões de crédito Visa e American Express.
Os preços variam entre $40 e $60.
Uma das melhores carnes da Argentina.

El Mirasol del Puerto
- Av. Alícia M. de Justo 202
- 4315-6277

Parrilla.
Abre diariamente ao meio-dia e à noite.
Aceita todos os cartões de crédito.
Os preços variam entre $30 e $50.

Restaurantes

Happening del Puerto
✉ Av. Alícia M. de Justo 310
☎ 4319-8712/4319-8715
Parrilla.
🕐 Aberto diariamente ao meio-dia e à noite. Serviço de bar durante o dia.
Aceita os principais cartões de crédito.
Preços variam entre $20 e $60.
Inclui pescados na parrilla.

Katrine
✉ Av. Alícia M. de Justo 138
☎ 4315-6221/4315-6222
Cozinha mediterrânea.
🕐 Abre de segundas a sextas ao meio-dia.
Aceita os principais cartões de crédito.
Preços variam entre $35 e $60.
Ambiente elegante e cardápio original. O melhor restaurante do Puerto Madero.

La Casona de Roque
✉ Av. Alícia M. de Justo 256
☎ 4315-6343
Cozinha argentina e italiana.
🕐 Abre diariamente ao meio-dia e à noite.
Aceita os principais cartões de crédito.
Preços variam entre $20 e $45.
É famosa a pizza a la pedra.

Puerto Sorrento
✉ Av. Alícia M. de Justo 410
☎ 4319-8733/4319-8734
Pescados e mariscos.
🕐 Aberto diariamente à noite e ao meio-dia.
Aceita os principais cartões de crédito.
Preços variam entre $25 e $50.

Restaurantes - Recoleta e Barrio Norte

Agraz
✉ Posadas 1232 (Ceasar Park Hotel)
☎ 4819-1129
Cozinha de autor.
⏰ Abre diariamente para almoço e jantar.
Aceita os principais cartões de crédito.
Preços variam entre $40 e $55.
O restaurante promove semanas com menus temáticos.

Armani Caffé
✉ Alvear 1750 - 3º piso
☎ 4812-2924
Cozinha de autor.
⏰ Abre diariamente à noite e ao meio-dia.
Aceita os principais cartões de crédito.
Preços variam entre $45 e $55.
É sofisticado, caro, mas tem opções de sanduíches.

El Corralón
✉ Anchorena 916 (Barrio Norte)
☎ 4963-0838
Parrilla.
⏰ Abre diariamente ao meio-dia e à noite. Nas segundas somente à noite.
Aceita todos os cartões de crédito.
Os preços variam entre $15 e $35.
Boas saladas, boa parrilla e uma honesta cozinha tradicional.

Galani
✉ Posadas 1086 - Hotel Park Hyatt
☎ 4321-1731
Cozinha internacional.
⏰ Abre todos os dias para almoço e jantar.
Aceita os principais cartões de crédito.

Restaurantes

Os preços variam entre $40 e $80.
Oferece cardápios a preço fixo.

Granda
✉ Junín 1281
☎ 4826-2317
Cozinha francesa.
⏰ Abre ao meio-dia e à noite.
Não aceita cartões de crédito.
Preços variam entre $30 e $50.

José Luis
✉ Quintana 456
☎ 4807-0606
Cozinha espanhola.
⏰ Abre diariamente ao meio-dia e à noite.
Fecha aos domingos.
Aceita os principais cartões de crédito.
Preços variam entre $40 e $60.
Excelentes pescados.

La Bourgogne
✉ Ayacucho 2027 - Hotel Alvear Palace
☎ 4808-2413
Cozinha regional francesa.
⏰ Abre de segundas a sextas-feiras ao meio-dia e à noite.
Sábados somente para o jantar.
Aceita os principais cartões de crédito.
Preços variam entre $70 e $120.

La Tasca de Plaza Mayor
✉ Posadas 1052
☎ 4393-5671/4394-7199
Cozinha espanhola.
⏰ Abre diariamente ao meio-dia e à noite.
Aceita os principais cartões de crédito.
Preços variam entre $30 e $50.

Restaurantes

La Raya
✉ Ortiz de Ocampo 2566
☎ 4802-5763.
Parrilla.
⏰ Abre diariamente ao meio-dia e à noite. Fecha nas segundas ao meio-dia.
Aceita os principais cartões de crédito.
Os preços variam entre $35 e $45.

Locos x El Futbol
✉ Vicente López 2098
☎ 4807-3777
Cozinha Italiana e portenha.
⏰ Abre durante todo o dia.
Aceita os principais cartões de crédito.
Preços variam entre $30 e $55.
Várias TVs mostram jogos de futebol, o que define a clientela. É barulhento, mas original.

Lola
✉ Roberto M. Ortiz 1805/1809
☎ 4804-5959/4802-3023
Cozinha internacional.
⏰ Aberto diariamente ao meio-dia e à noite.
Aceita todos os cartões de crédito.
Oferece ao meio-dia um cardápio a preço fixo e menús temáticos.
Na carta os preços variam entre $50 e $90.

L'Orangerie
✉ Alvear 1891 (Alvear Palace)
☎ 4808-2100
Cozinha francesa.
⏰ Abre somente para almoço.
Aceita os principais cartões de crédito.
Preços variam entre $40 e $55.

Restaurantes

Oviedo
✉ Beruti 2602 esq. Ecuador
☎ 4821-3741
Cozinha espanhola.
⏰ Aberto diariamente à noite e ao meio-dia.
Aceita os principais cartões de crédito.
Preços variam entre $30 e $70.
Come-se muito bem, apesar do preço, principalmente pescados e frutos do mar. É o melhor espanhol da cidade.

Prima Fica
✉ Buenos Aires Design
☎ 4804-0055
Cozinha Italiana.
⏰ Abre diariamente a partir do meio-dia.
Aceita os principais cartões de crédito.
Preços variam entre $35 e $45.

Restó
✉ Montevideo 938
☎ 4816-6711
Cozinha de autor.
⏰ Abre de segundas a sextas ao meio-dia.
Aceita os principais cartões de crédito.
Preços variam entre $30 e $55.

San Bábila
✉ Roberto M. Ortiz 1815
☎ 4801-9444/4804-1214
Cozinha italiana.
⏰ Aberto diariamente à noite e ao meio-dia. Fecha nas segundas ao meio-dia.
Aceita os principais cartões de crédito.
Preços variam entre $30 e $55.
Oferece menu especial ao meio-dia a preço fixo.

Restaurantes

Restaurantes - Retiro

Al Carbón
✉ Reconquista 875
☎ 4312-4604/4312-5603
Cozinha argentina.
⏰ Abre de segundas a sábados à noite ao meio-dia.
Aceita os principais cartões de crédito.
Preços variam entre $25 e $35.

Cuisine du Park
✉ Esmeralda 1366
☎ 4131-1900
Cozinha internacional.
⏰ Abre diariamente para almoço e jantar.
Aceita os principais cartões de crédito.
Preços variam entre $40 e $55.

Filo
✉ San Martín 975
☎ 4311-0312/4311-1871
Cozinha italiana, pizzaria e café.
⏰ Abre diariamente ao meio-dia e à noite.
Aceita os principais cartões de crédito.
Preços variam entre $20 e $40.
O lugar é divertido e serve ótimas pizzas. Tem uma galeria de arte no subsolo.

Ligure
✉ Juncal 855
☎ 4393-0644
Cozinha Internacional.
⏰ Aberto diariamente ao meio-dia e à noite.
Aceita os principais cartões de crédito.
Preços variam entre $25 e $60.

Restaurantes

Restaurante tradicional em Buenos Aires, aberto em 1933, mas já um pouco decadente.

Piola
✉ Libertad 1078
☎ 4812-0690/4815-4746
Cozinha italiana.
⏰ Aberto diariamente à noite e ao meio-dia.
Aceita os principais cartões de crédito.
Preços variam entre $25 e $35.
Oferece no cardápio, além de boas pastas, 68 variedades de pizzas. Nos dias de semana, ao fim da tarde, música ao vivo.

Tancat
✉ Paraguay 645
☎ 4312-6106/4312-5422
Cozinha espanhola.
⏰ Aberto diariamente à noite e ao meio-dia.
Aceita os principais cartões de crédito.
Uma pequena, simpática e deliciosa tasca espanhola para se "tapear" a qualquer hora.

Restaurantes - San Telmo

Ana y El Ángel
✉ Chile 318
☎ 4361-8822/4361-3633
Cozinha internacional.
⏰ Abre de segundas a sextas ao meio-dia e à noite e aos sábados à noite.
Aceita os principais cartões de crédito.
Preços variam entre $30 e $65.
O restaurante recriou, como decoração, uma verdadeira calle portenha, uma ruela com anjos pelas sacadas. O resultado é interessante.

Restaurantes

La Brigada
✉ Estados Unidos 465
☎ 4361-4685/4361-5557
Parrilla.
🕒 Abre de terças a domingos ao meio-dia e à noite.
Aceita todos os cartões de crédito.
Preços variam entre $15 e $25.
Música ao vivo em um dos salões.
Uma das melhores parrillas da cidade.
Possui uma filial em Entre Rios, 678 (Montserrat)
4381-0205/4381-0190.

Lezama
✉ Brasil 359
☎ 4361-0114
Cozinha portenha.
🕒 Abre diariamente ao meio-dia e para o jantar.
Aceita os principais cartões de crédito.
Preços variam entre $15 e $25.

Restaurantes - Outros Locais

Anciens Combattants
✉ Santiago del Estero 1435 (Constituición)
☎ 4305-1701/4776-2307
Cozinha francesa.
🕒 Abre à noite. Fecha aos domingos e segundas-feiras.
Confira a aceitação de cartões de crédito.
Preços variam entre $45 e $60.
Boa carne de caça. Um dos melhores franceses da cidade.

Cantón
✉ Córdoba 4017 (Almagro)
☎ 4863-2333
Cozinha chinesa.
🕒 Abre diariamente ao meio-dia e à noite. Fecha nas quintas ao meio-dia.

Restaurantes

Não aceita cartões de crédito.
Preços variam entre $10 e $20.
O melhor chinês da cidade.

Clo Clo
✉ Costanera Norte esquina La Pampa (Costanera Norte)
☎ 4788-0487/4789-0258
Cozinha italiana.
⏰ Abre diariamente ao meio-dia e à noite.
Aceita os principais cartões de crédito.
Preços variam entre $30 e $70. Menu executivo ao meio-dia.

El Farol
✉ Av. Estado de Israel 4488 (Almagro)
☎ 4866-3233
Cozinha portenha.
⏰ Abre de segundas a sábados à noite e aos domingos ao meio-dia e à noite.
Aceita os principais cartões de crédito.
Preços variam entre $15 e $35.

Frida Kahlo
✉ Ciudad de La Paz 3093 (Nuñez)
☎ 4544-1927
Cozinha mexicana tradicional.
⏰ Abre à noite, de terças a domingos.
Confira a aceitação de cartões de crédito.
Oferece diversos menus a preço fixo que variam entre $13 e $60.
Espaço de arte com mesas ao ar livre e ambientação que lembra a pintora mexicana.

Gardiner
✉ Rafael Obligado s/n esq. La Pampa (Costanera Norte)
☎ 4788-0437/4788-0438
Cozinha portenha.

Restaurantes

⏰ Abre diariamente ao meio-dia e à noite.
Aceita os principais cartões de crédito.
Preços variam entre $20 e $45.

La Suburra Ristorantino
✉ Medrano com Guardia Vieja (Almagro)
☎ 4862-0934/4863-2682
Cozinha italiana.
⏰ Abre somente à noite, de segundas a sábados.
Aceita os principais cartões de crédito.
Os preços variam entre $30 e $50.
O lugar é rústico, agradável e demorado. O casal de proprietários viveu na Itália, onde adquiriu grande conhecimento da arte culinária.

Los Años Locos
✉ Rafael Obligado s/nº (Costanera Norte)
☎ 4784-8681/4783-5126
Parrilla.
⏰ Aberto de segundas a domingos todo o dia.
Aceita todos os cartões de crédito.
Preços variam entre $20 e $50.
Sua parrilla é uma das mais tradicionais da Argentina e o restaurante permanece aberto durante a madrugada.

Morena
✉ R. Obligado s/nº (Costanera Norte)
☎ 4786-0204/4786-2521
Cozinha mediterrânea.
⏰ Aberto diariamente ao meio-dia e à noite.
Aceita os principais cartões de crédito.
Preços variam entre $40 e $60.
O restaurante está instalado sobre o rio e a cozinha está totalmente à vista.
Música ambiental ao vivo.

Tía Margarita
✉ Pedro Goyena 496 (Caballito)
☎ 4922-6299/4925-3544
Pescados.
🕰 Aberto diariamente à noite e ao meio-dia.
Aceita os principais cartões de crédito.
Preços variam entre $20 e $35.

Saúde

Algumas empresas brasileiras de seguros de saúde já oferecem serviços em Buenos Aires. É o caso da
Amil
✉ San Martín 140 Piso 22 (Montserrat)
☎ 4348-1000

Farmácias de Plantão

A maior parte das farmácias fecha à noite. Os jornais de Buenos Aires publicam diariamente nas últimas páginas uma relação de farmácias de plantão.

Urgência

Para questões urgentes de saúde procure:
Hospital Municipal De Buenos Aires
✉ Cerviño 3356 (Palermo)
☎ 4801-5555

Segurança

Buenos Aires já não é mais a cidade segura de alguns anos atrás, embora seus moradores e visitantes ainda conservem hábitos noturnos como passear tranquilamente por algumas calles, beber um cortado na mesa de algum café ou dançar até que o dia amanheça. As zonas de maior freqüência turística sofrem mais com pequenos furtos, com exceção da Recoleta e Palermo em que os roubos a lojas já são freqüentes. A criminalidade e a violência é maior no sul da cidade, nas regiões que fazem fronteira com La Boca, bairro em que trafegam muitos turistas. A Boca, no entanto, tem um bom policiamento e o que se deve evitar é o uso ostensivo de objetos de valor e câmeras fotográficas e, se possível, evite passear desacompanhado.

Sex Shows

Hippopotamus
✉ Junín 1787 (Recoleta)
☎ 4802-0500 Reservas: 4804-4897
Discoteca. Tem espaço para shows e restaurante. Sex shows para mulheres
⏰ Abre a partir das 22h.

Shampoo
✉ Quintana 362 (Recoleta)
☎ 4813-4427
Discoteca e shows. Para homens.
⏰ Abre sextas e sábados a partir da 1h.
Cobra consumação.

Skin Escort
✉ Córdoba 875 - 10º andar (San Nicolas)
☎ 4311-0429/4312-2934
Atende em hotéis e a domicílio. Abre diariamente e aceita todos os cartões de crédito.

Sodoma Disco Show
✉ Vicente López 2233 (Recoleta)
☎ 4804-8176
Shows.
⏰ Abre de Segunda a sábados das 22h às 5h.

Tango

O tango é a música, dança e ritmo mais representativo de Buenos Aires. Surgido no final do século passado, contribuiu para o surgimento de algumas das maiores legendas da cultura portenha, como Carlos Gardel, por exemplo. É quase uma heresia visitar BA e não conhecer uma de suas inúmeras Casas de Tango.

Em Buenos Aires você poderá visitar uma Milonga, um salão em que se dança o tango a qualquer dia em horas variadas. Em diversos desses lugares há aulas (clases) de tango em diversos horários. Muitos desses lugares oferecem também a possibilidade de se fazer refeições.

Academias (para aprender a dançar tango)

Para quem quiser dançar, há um estudo no mínimo estimulante: dançar um tango equivale a um gasto de energia semelhante ao de pedalar uma bicicleta durante o mesmo período. Se o que desestimula é não saber dançar, você está no lugar certo para acabar de vez com essa barreira. Em Buenos Aires, diversos locais oferecem aulas básicas

Tango

de tango e alguns deles estão listados aqui. Procure consultar horários, pois eles variam muito, embora normalmente comecem depois das 20h, antes de iniciarem os shows ou os bailes.

Academia Nacional del Tango
✉ Av. de Mayo 833, Palácio Carlos Gardel (Montserrat)
☎ 4345-6968

Centro Cultural Ricardo Rojas
✉ Corrientes 2038 (Once)
☎ 4954-8352
⏰ Sábados das 15h às 18h.

Club Almagro
✉ Medrano 522 (Almagro)
☎ 4774-7454
O Almagro é um dos locais mais concorridos para bailar o tango e já foi freqüentado por gente famosa como Madonna e Julio Iglesias.
⏰ Terças, sextas, sábados e domingos a partir das 22h.

Club Social Rivadávia
✉ Rivadavia 6465 (Flores)
☎ 4632-8064
⏰ Sextas-feiras, sábados e domingos das 21h às 23h30.

Confitería Ideal
✉ Suipacha 384 Piso 1 (San Nicolas)
☎ 4601-8234/4326-0521
La Ideal é o salão da Confitería Ideal, construída no início do século e uma das melhores atrações para quem visita a cidade.
⏰ Segundas a sextas-feiras (15h) e terças a sextas-feiras (18h30 às 21h00).

La Academia
✉ Corrientes 3330 Piso 1 (Almagro)

Tango

- 4823-1876
- Segundas e quintas-feiras (20h às 22h), sextas-feiras (19h30 às 21h) e domingos (18h às 20h).

Planeta Tango
- Chacabuco 917 (San Telmo)
- 4307-6183
- Segundas (21h às 23h), sábados (11h às 13h) e domingos (18h às 20h).

Carlos Gardel

Gardel, considerado o maior cantor de tangos de todos os tempos, morreu em 1945 e está sepultado no cemitério da Chacarita. Lá há uma estátua, que guarnece o túmulo, e invariavelmente ostenta um cigarro aceso entre os dedos, hábito mantido pelos fãs. A estátua, por incrível que pareça, é o único monumento a Gardel que existe em Buenos Aires. No final de 99 deverá ser inaugurado outro na esquina das calles Carlos Gardel e Anchorena, junto ao Abasto.

Casas de Tango

Como ouvir ou dançar o tango é uma das principais atrações noturnas da cidade, é comum encontrar lugares tomados por turistas. Se você quiser um lugar mais autêntico selecione algumas sugestões da lista abaixo marcadas com uma ★. Muitas casas oferecem o jantar incluído na consumação, o que nem sempre é garantia de uma boa refeição ou de economia. Lembre-se: faça sempre reserva antes de ir a qualquer casa de tango.

A Media Luz
- Chile 316 (San Telmo)
- 4331-6146/331-1872
- Segundas a sábados, a partir das 22h30.

Piano-bar, shows de tango e baile. Se você quiser tomar aulas de tango antes do baile, ligue para confirmar horários.

Tango

★Bar Sur
✉ Estados Unidos 299 (San Telmo)
☎ 4331-1466
⏰ Abre diariamente de 20h até as 4h da manhã.
Um dos principais endereços do tango portenho, freqüentado por turistas e portenhos apreciadores da cena tangueira. Apresenta bons shows e um bom cardápio de pizzas.
www.bar-sur.com

Café Homero
✉ Cabrera 4946 (Palermo Viejo)
☎ 4701-7357
⏰ Quintas a domingos, a partir das 23h.
Lugar preferido de boa parte dos portenhos, já que fica distante do circuito turístico. Inclui na consumação a ceia.
www.cafehomero.cancionero.net

★Café Tortoni
✉ Av. de Mayo 829 (Montserrat)
☎ 4342-4326
⏰ Abre diariamente das 8h às 3h30.
Visita obrigatória para quem vai a Buenos Aires, o Tortoni (Veja Cafés) oferece duas salas para apreciadores do tango e de jazz.
www.cafetortoni.com.ar

★Casablanca
✉ Balcarce 668 (San Telmo)
☎ 4334-5010/4331-4621
⏰ Diariamente a partir das 21h.
Endereço célebre do tango em San Telmo. Shows de tango variados. Não costuma servir jantar.

★Club del Vino
✉ Cabrera 4737 (Palermo Viejo)
☎ 4833-0050/4833-0048
Shows de tango nos finais de semana, com boa seleção de

Tango

músicos. O restaurante abre também ao meio-dia.
Possui uma atração interessante no porão: o Museo del Vino.
eventos@elclubdelvino.com.ar

★Confitería (La) Ideal
✉ Suipacha 384 (San Nicolás).
☎ 5265-8078
🕐 Há "milongas" nas segundas, terças, quartas, sábados e domingos. Quintas e sextas funciona como disco.

A Confitería Ideal existe desde 1918. Decorada em estilo art nouveau, foi um dos endereços preferidos das elites portenhas. Oferece também aulas de tango.

El Viejo Almacén
✉ Balcarce 799 (San Telmo)
☎ 43077388
🕐 Abre de terças a domingos a partir das 20h.
Shows de tango e jantar incluído. Um dos principais endereços do circuito turístico.
www.viejoalmacen.com

La Cumparsita
✉ Chile 302 esq. com Balcarce (San Telmo)
☎ 4302-3387
🕐 Diariamente desde as 23h.
Preço médio de $25
Concerto de tangos.

★La Trastienda
✉ Balcarce 460 (San Telmo)
☎ 4342-7650
🕐 Abre a partir das 22h30.
Baile de tango. Shows.

La Ventana
✉ Balcarce 431 (San Telmo)
☎ 4331-0217

Tango

🕐 Abre diariamente.
Show de tango e jantar incluído. Um dos locais preferidos do circuito turístico.
www.la-ventana.com.ar

Michelangelo
✉ Balcarce 433 (San Telmo)
📞 4328-2646/4331-9662/4331-9659
Só aceita reservas por telefone.
Shows de tango e jantar incluído, a partir das 20h30.
Freqüentado por turistas e caro. Confira os horários para dispensar o jantar e participar somente do baile e assistir os shows.

Piazzolla Tango
✉ Florida 165
📞 4344-8232
www.piazzollatango.com

Discos de Tangos

Fabela Discos
✉ Carlos Pellegrini 155
📞 4326-8658
✉ Corrientes 803
📞 4322-5452
Cds, cassetes e vídeos de tango

Zival's
✉ Callao 395 (esquina Corrientes)
📞 4371-7500
www.tangostore.com
CDs, cassetes, vídeos e livros de tango.

Programas de Rádio com Tangos

FM Palermo - 94.7
"Histórias com Tango"
Música, anedotas, variedades sobre o tango. Apresentação

Tango

de Héctor Spinelli.
Domingos, de 8h às 9h.

Interactiva - AM 1570
Tango 24 horas.
Rádio Belgrano - AM 840
Diversos horários da programação.

Tangos Fundamentais

Reproduzimos uma relação de dez tangos fundamentais para quem quiser se iniciar na música e na dança ou pautar a compra de discos.

Adiós Nonino
Música de Astor Piazzolla e letra de Eladia Blázquez, 1960

Cambalache
Música e letra de Enrique Santos Discépolo, 1934.

Caminito
Música de Juan de Dios Filiberto e letra de Gabino Peñaloza, 1926

El Choclo
Música de Angel Villoldo e letra de Angel Villoldo, Juan Carlos Catán e Enrique Santos Discépolo, 1903

La Cumparsita
Música de Gerardo Matos Rodríguez e letra de Pascual Contursi, Gerardo Matos Rodríguez e Enrique Maroni, 1917.

Malena
Música de Lucio Demare e letra de Homero Manzi, 1941.

Mi Buenos Aires querido
Música de Carlos Gardel e letra de Alfredo Le Pera, 1934.

Naranjo en flor
Música de Virgílio Expósito e letra de Homero expósito, 1944

Sur
Música de Aníbal Troilo e Letra de Homero Manzi, 1948.

Tango

Uno
Música de Mariano Mores e letra de Enrique Santos Discépolo, 1943.

Teatros e Casas de Shows

Apresentamos abaixo uma lista de teatros portenhos. Alguns deles funcionam como casas noturnas e oferecem serviço de bar. Confira também Danceterias e Casas de Tango.

Actor's Studio
✉ Corrientes 3565
☎ 4867-6622.
Peças de teatro.

Arlequino
✉ Alsina 1484
☎ 4382-7775
Peças de teatro.

Astral
✉ Corrientes 1639 (San Nicolas)
☎ 4374-5707/4374-9964
Shows musicais. Peças de teatro.

Astros
✉ Corrientes 746 (San Nicolas)
☎ 4325-5541
Shows musicais. Peças de teatro.

Auditorio Bauen
✉ Callao 360 (San Nicolas)
☎ 4323-7200/4372-6906
Shows e peças de teatro.

Teatros e Casas de Shows

Avenida
✉ Av. de Mayo 1222 (Montserrat)
☏ 4381-0662
Peças de teatro.

Belisario
✉ Corrientes 1624
☏ 4373-3465
Peças de teatro.

Blanca Podestá
✉ Corrientes 1283
☏ 4382-2592
Peças de teatro.

British Arts Centre
✉ Suipacha 1333 (Retiro)
☏ 4393-6941
bac@aacibas.org.ar
Peças de teatro.

Bukowski
✉ Bartolomé Mitre 1525
☏ 4372-2843

Bululú
✉ Rivadavia 1350 (San Nicolas)
☏ 4381-1656
Esquetes. Peças de teatro.

Centro Cultural Recoleta
✉ Junín 1930 (Recoleta)
☏ 4803-3260/4803-1040
Diversas salas. Peças de teatro.
Veja Museus.

Centro Cultural Ricardo Rojas
✉ Corrientes 2038

Teatros e Casas de Shows

📞 4954-5523
rojas@rec.uba.ar
Peças de teatro.

Centro Cultural San Martín
✉ Sarmiento 1551 (Centro)
📞 4374-1251
Diversas salas. Shows, recitais, corais e peças de teatro.

Clasica Y Moderna
✉ Callao 892 (San Nicolas)
📞 4812-8707/4811-3670
Peças de teatro e shows musicais.

Coliseo
✉ Marcelo T. de Alvear 1125 (Retiro)
📞 4313-5943
Concertos.

Colón
✉ Libertad 621 (Plaza Lavalle, San Nicolas)
📞 4382-5414/4378-7100
🚇 Linha D Estação Tribunales

Um dos tesouros culturais de BA, foi inaugurado em 1908 e oferece 3.000 lugares. O prédio do Teatro Colón é um espetáculo a parte. Os vitrais no teto do saguão são belíssimos, assim como as escadarias e colunas em mármore e os mosaicos de ladrilhos que compõem boa parte do piso da entrada e dos corredores do prédio. Além dos espetáculos de teatro, balé e música clássica, abriga também uma escola e diversas oficinas que confeccionam todo o material utilizado nos espetáculos, desde cenários até figurinos. Essas oficinas invadem três subsolos da Av. 9 de julho e empregam 1.200 pessoas.

Visitas guiadas em espanhol e inglês são feitas de hora em hora e custam $5.

Teatros e Casas de Shows

No prédio funciona também o Museo del Colón.
Os ingressos são vendidos entre 10h e 20h.

Colonial
✉ Paseo Colón 413 (Montserrat)
☎ 4342-7958/4491-8107
Peças de teatro.

Concert
✉ Corrientes 1218 (San Nicolas)
☎ 4384-8155
Shows musicais.

De la Comedia
✉ Rodriguez Peña 1062 (Recoleta)
☎ 4812-4228
Peças de teatro.

Del Centro
✉ Sarmiento 1249 (San Nicolas)
☎ 4978-7097
Shows e peças de teatro.

Del Globo
✉ M. T. de Alvear 1155

Del Pasillo
✉ Colombres 35 (Almagro)
☎ 4981-5167/4785-9689
Peças de teatro.

Del Pueblo
✉ Roque Sáenz Peña 943 (Montserrat)
☎ 4326-3606
Venda de ingressos a partir das 16h.
Shows e peças de teatro.

Teatros e Casas de Shows

Del Sur
✉ Venezuela 1286 (Congreso)
☎ 383-5702
Shows e peças de teatro.

El Callejón de los Deseos
✉ Humauhaca 3759 (Almagro)
☎ 4862-1167
Peças de teatro.

El Doble
✉ Aráoz 727 (Villa Crespo)
☎ 4855-2656
Peças de teatro e shows.

El Excentrico de La 18
✉ Lerma 420
☎ 4772-6092

El Observatorio
✉ Gral. Urquiza 124 (Almagro)
☎ 4957-6723
Peças de teatro.

El Ojo
✉ Perón 2115 (Once)
☎ 4953-1181
Peças de teatro.

El Teatron
✉ Santa Fé 2450 (Recoleta)
☎ 4342-7958
Peças de teatro.
Aceita reservas por telefone.

El Vitral
✉ Rodriguez Peña 344 (San Nicolas)
☎ 4371-0948

Teatros e Casas de Shows

Três salas. Peças de teatro.

Empire
✉ Hipolito Yrigoyen 1934 (Congreso)
☎ 4953-8254
Venda de ingressos a partir das 16h.
Peças de teatro.

Escuela Central
✉ Rodríguez Peña 1158 (Recoleta)
☎ 4814-3181
Peças de teatro.

Estadio Obras
✉ Libertador 7395 (Nuñes)
Grandes shows de rock.
Confira sempre os postos de venda de ingressos.

Galpón del Abasto
✉ Humahuaca 3549
☎ 4861-8764

General San Martín
✉ Corrientes 1530 (Centro)
☎ 4372-2247
www.teatrosanmartin.com.ar
O teatro oferece ainda o 0800-35254 para reservas de ingressos com antecedência de até cinco dias. Possui diversas salas - Sala Cunil Cabanellas, Sala Casacuberta e Sala Martín Coronado - e apresenta recitais, peças de teatro, cinema e balé.

Gran Rex
✉ Corrientes 857 (San Nicolas)
☎ 4322-8000/4323-7200
Grandes shows internacionais.

Hebraica
✉ Sarmiento 2255

Teatros e Casas de Shows

☎ 4952-5886
Peças de teatro.

I. F. T.
✉ Boulogne Sur Mer 549 (Once)
☎ 4962-9420
Três salas. Peças de teatro.

La Carbonera
✉ Balcarce 998 (San Nicolas)
☎ 4362-2651
Peças de teatro e shows musicais.

La Otra Orilla
✉ Tucumán 3527 (Almagro)
☎ 4862-7718
Peças de teatro.

La Ranchería
✉ México 1152 (Montserrat)
☎ 4383-7887
Shows e peças de teatro.

La Plaza
✉ Corrientes 1660 (San Nicolas)
☎ 4370-5350
Centro comercial com lojas e cafés, possui duas salas de teatro: Sala Pablo Picasso e Sala Pablo Neruda.
Peças de teatro.

La Scala de San Telmo
✉ Pasaje Giuffra 371 (San Telmo)
☎ 4362-1187
Concertos. Funciona numa casa reciclada do final do século passado.

Teatros e Casas de Shows

La Trastienda
✉ Balcarce 460 (Montserrat)
☎ 4342-7650
Shows musicais.

Liberarte
✉ Corrientes 1555 (San Nicolas)
☎ 4375 2341
Shows, recitais e peças de teatro e teatro infantil. Livraria.

Liceo
✉ Rivadavia 1495

Lola Membrives
✉ Corrientes 1280
☎ 4381-0076
Shows musicais.

Luna Park
✉ Corrientes 161 (San Nicolas)
☎ 4311-5100/4312-2135
Megashows musicais.

Maipo
✉ Esmeralda 443 (San Nicolas)
☎ 4322-8238. Reservas: 4394-0666
Shows.

Margarita Xirgu
✉ Chacabuco 875 (San Telmo)
☎ 4300-2448
Para entrega de ingressos a domicílio: 384-6575.
Possui duas salas. Concertos de música clássica e ópera. Tango.

Metropolitan 1 e 2
✉ Corrientes 1343 (San Nicolas)
☎ 4371-0816
Peças de teatro e shows.

Teatros e Casas de Shows

Nacional Cervantes
✉ Libertad 815 (Plaza Lavalle)
☎ 4816-4224/4789-8130 (reservas) Fax: 4815-8889
O teatro é um belo edifício inaugurado em 1921. O salão de espetáculos tem capacidade para mil lugares e nele atuam a Comédia Nacional e importantes grupos internacionais. No prédio funciona ainda o Museo Nacional del Teatro.
Visitas guiadas a $4.

Ópera
✉ Corrientes 860 (San Nicolas)
☎ 4326-1335
Shows internacionais e concertos. O teatro é confortável e foi recentemente remodelado.

Opera Prima
✉ Paraná 1259 (San Nicolas)
☎ 4812-8271/4812-8267
Peças de teatro e shows musicais.

Payró
✉ San Martín 766 (San Nicolas)
☎ 4312-5922
Peças de teatro.

Picadilly
✉ Corrientes 1524 (San Nicolas)
☎ 4373-1900/4375-3706
Peças de teatro.
Oferece venda de ingressos por telefone.

Pigalle
✉ R. M. Ortiz 1835
☎ 4806-7993

Teatros e Casas de Shows

Piccolo Teatro
✉ Corrientes 1624 (San Nicolas)
☎ 4373-3465
Shows.

Presidente Alvear
✉ Corrientes 1659 (San Nicolas)
☎ 4373-4245
Shows, óperas e recitais.

Regina
✉ Santa Fé 1235 (Retiro)
☎ 4812-5470
Peças de teatro e shows.

Tabaris
✉ Corrientes 831 (San Nicolas)
☎ 4322-8509 Fax: 4322-1950
Peças de teatro e esquetes.

Telefones

Em Buenos Aires a maioria dos telefones públicos funciona com "tarjetas telefónicas" encontradas em qualquer banca de jornal. Alguns funcionam com moedas (5, 10, 25, 50 e $1). Para quem quiser usar uma cabine telefônica, em Corrientes 701 há uma eficiente agência que funciona 24 horas.

Os portenhos chamam o código de "característica". As tarifas são reduzidas entre 22h e 8h.

Ligações para a Argentina

Para ligar do Brasil para a Argentina, lembre que o código internacional do país é 54 e o de Buenos Aires é 11. Portanto, 00 + código da operadora + 54 + 11 + Nº do telefone.

Telefones

Ligações para o Brasil

Para ligar de Buenos Aires para o Brasil disque 0055 + código ddd sem o zero + número do telefone.

Para ligar a cobrar para o Brasil, utilizando o BrasilDireto da Embratel, disque 0800-55500 e siga as instruções da telefonista. Ela fala em português.

Telefones úteis

Confira alguns códigos e telefones úteis em Buenos Aires:
Assistência médica emergência - 107
Bombeiros - 100
Hora certa - 113
Informações sobre números telefônicos - 110
Operadora internacional 000
Polícia - 101
Defesa do consumidor - (54 11) 5382 6216
Aeroporto Internacional Ezeiza - (54 11) 5480 6111
Terminal Ônibus Retiro - (54 11) 4310 0700

Televisão

Buenos Aires tem cinco canais de televisão aberta: Canal 2 (América), Canal 7 (AteCé, estatal), Canal 9 (Libertad), Canal 11 (Telefé) e Canal 13 (Artear). Possui ainda quatro empresas de TV a cabo: Cable Total, CableVisión, Multicanal e VCC.

Transporte Interurbano

Ferryboat

Em Buenos Aires pode-se utilizar o ferryboat para travessia do Rio da Prata até as cidades de Montevidéu e Colônia, no Uruguai. Para maiores informações consulte as empresas:

Transporte Interurbano

Buquebus
✉ Córdoba 867
☎ 4316-6500
Partidas para Montevidéu: 8h, 11h15, 16h e 19h. Duração média de 2h15.
Partidas para Colônia: 8h30, 9h, 11h45, 15h30, 17h50, 20h10 e 23h55. Duração média 35 minutos.

Ferrylíneas
☎ 4315-6800
Partidas para Colônia: 8h15, 11h30 e 19h15.

Fast-Ferry
☎ 4362-0110
Partidas para Colônia: 8h e 17h.

Terminais Ferroviários

Buenos Aires tem seis terminais ferroviários, três deles próximos ao centro:

Retiro
Daqui partem trens para as províncias de Mendoza, Córdoba e para o Chile. O prédio, inspirado na antiga estação de Londres, foi construído em 1915.
✉ Ramos Mejia esq. Del Libertador (Retiro)
☎ 4312-6596/4311-5287/4311-4739
🚇 Linha C Estação Retiro.

Once
✉ Pueyrredón esq. Perón (Once)
☎ 861-0041/861-0031

Constitución
É o ponto de partida dos trens que vão ao sul da cidade e cruzamento de diversas linhas de coletivos e da linha C do metrô. O prédio da estação é uma atração à parte.

Transporte Interurbano

✉ Plaza Constitución (Constitución)
☎ 304-0021
🚇 Linha C Estação Constitución.

Terminal Rodoviário

Se a viagem for feita em ônibus, certamente o destino em BA será a Estación Terminal de Omnibus de la Ciudad, localizada próxima ao centro e às estações ferroviárias do Retiro.
✉ Ramos Mejia 1680 (Retiro)
☎ 4315-3404/4315-3405

Transporte Urbano

Buenos Aires é uma cidade bem servida em matéria de transportes. São 300 linhas de ônibus urbanos, 60 mil táxis e remises, sete linhas de trens, cinco linhas de metrô e três milhões de veículos particulares. No entanto, a melhor forma de conhecer Buenos Aires é caminhando, já que a cidade é plana e a cada quarteirão oferece atrações diferentes. O turista, no entanto, tem a sua disposição um eficiente sistema de transportes urbanos.

Locação de Automóveis

O carro não é o melhor meio de locomoção em Buenos Aires. Locar um, então, é pior: as taxas são altas e variam entre $90 e $200 a diária. Mas, para quem necessitar mesmo assim locar um veículo, as principais locadoras de automóveis são:

Ai Rent a Car
✉ M. T. de Alvear 678 (Retiro)
☎ 4311-1000 Fax 4311-7491
www.arcanet.com/airent/.
O site da locadora permite fazer reservas e estão disponíveis os principais endereços, tarifas e modelos de automóveis.

Transporte Urbano

Avis Rent a Car
✉ Cerrito, 1527 (Retiro)
☎ 4326-5542

Budget Rent a Car
✉ Santa Fé 869 (Retiro)
☎ 4311-9870 Fax 4315-3814

Hertz
✉ Dr. Ricardo Rojas 451 (Retiro)
☎ 4312-1317 Fax 4312-1317

Localiza Rent a Car
✉ Maipú 924 (Retiro)
☎ 4315-8384

Aeroporto de Ezeiza
☎ 4480-0431

Aeroparque Jorge Newberry
☎ 4776-3993

Unidas
✉ Paraguay 864 (Retiro)
☎ 4311-0777 Fax: 4311-0777

Ônibus

Os ônibus urbanos em BA são baratos e limpos. São mais de 130 linhas na cidade. Muitas delas oferecem duas formas de coletivos: "común" (tarifas entre $0,75 e $0,80) e "diferencial" (tarifas entre $1,50 e $2,50), que somente conduz passageiros sentados. A passagem é adquirida dentro dos próprios veículos, em máquinas que fornecem os tíquetes, se for necessário, troco. Para isso, tenha consigo sempre valores em moedas.

Transporte Urbano

Remises

Os remises são uma espécie de rádio-táxis, sem taxímetro, que cobram um preço fixado anteriormente em função do percurso. As tarifas médias são de $0,70 pelo quilômetro rodado e $7,00 por cada hora de espera. Normalmente não cobram a mais pelo retorno se você fizer uma viagem longa e a maioria deles aceita cartões de crédito. Abaixo uma pequena relação de empresas de remises, como sugestão:

Agencia Ecuador
✉ Marcelo T. Alvear, 449
☏ 4314-1999/0800-50224
www.agenciaecuador.com.ar

Autos Remises
✉ Paraguay 2380
☏ 4962-3122/4961-3245

Remises Lavalle
✉ Lavalle 1567
☏ 4371-6167

Remis Tribunales
✉ Lavalle 1282
☏ 4384-5894 Fax: 4381-3246

Rendez Vous
✉ Perón 1717
☏ 4476-1040

Su Remis
✉ Perón 4005
☏ 4865-6941/4861-0230

Su Taxi S.A.
✉ Basualdo 1660
☏ 4314-1999/0800-50224 Fax: 4635-2444

Transporte Urbano

Universal
✉ 25 de Mayo 611 - Piso 4
☎ 4315-6555 Fax: 4311-6187

Táxi

É muito fácil e barato tomar um táxi em BA. São aproximadamente 40 mil na cidade, pintados de preto e amarelo. Eles costumam cobrar uma taxa se você estiver carregando bagagem. São mais seguros e reconhecidos por suas cores preto e amarelo. Para chamar pelo telefone você pode optar por um Rádio Táxi (Taxi Rin, 777-8888) ou pelos Remises. Pergunte sempre, ao chamar um táxi pelo telefone, quanto irão cobrar-lhe a mais por isso.

Veja também Aeroporto (p. 28)

Puerto Madero

Zôo

Jardim Zoológico

Abriga 2.500 animais de 350 espécies diferentes. Quando foi fundado, há um século, cada jaula imitava construções egípcias, gregas, romanas, hindús etc. É um dos locais preferidos pelos portenhos nos finais de semana e feriados. Se você viaja com crianças, é um roteiro obrigatório para quem vai à Buenos Aires. Há muitos anos atrás, um menino chamado Jorge Luís Borges passava horas desenhando diante das jaulas dos tigres.

✉ Av. Sarmiento 2827 (Palermo)
☎ 0800-50196
🕒 Fecha nas segundas-feiras. Nos outros dias abre das 9h30 às 18h. Visitas guiadas aos sábados às 16h e 17h. Ingresso $4. Menores de 12 anos não pagam ingresso.
🚇 Linha D Estação Plaza Italia
🚌 37

Vocabulário Básico

Aqui você encontra algumas palavras e expressões cujo conhecimento é fundamental para agilizar seus contatos com os portenhos. O espanhol, para quem não tem intimidade com a língua, reserva algumas armadilhas. Tome cuidado com elas mas não se envergonhe de arriscar um portunhol. As palavras estão organizadas de duas maneiras: iniciando com o vocábulo em português e depois, repetidas, iniciando pelo vocábulo em espanhol.

Em Buenos Aires, você vai ouvir falar também do Lunfardo, uma gíria portenha que inclui palavras de vários idiomas, principalmente do italiano, que era usada pela marginalidade e que acabou fazendo parte de inúmeros tangos.

Vocabulário Básico (Português - Espanhol)

Alfândega
Alfândega .... Aduana
Assinatura .... Firma
Data de Nascimento ..... Fecha de Nacimiento
Sinais Particulares .... Señas Particulares
Sobrenome .... Apellido
Taxa de Exportação .... Derechos de Salida
Taxa de Importação ..... Derechos de Entrada
Visto .... Visado, Visa
Volumes (de Bagagem) ... Bultos

Básicos
Alugar .... Alquilar
Carro .... Coche
Com licença .... Permiso
Convite .... Invitación
Jornal .... Periódico
Longe .... Lejos, Lejano

Metrô	Subte
Obrigado	Grácias
Ônibus	Colectivo
Pequeno (quando se falar em tempo)	Rato
Pronto	Listo
Puxar	Tirar
Rua	Calle

Compras
À Vista	Al Contado
Brinquedo	Juguete
Cartão	Tarjeta
Dinheiro	Dinero
Em dinheiro (pagamento)	En efectivo
Ficar	Quedar
Fila	Cola
Mango	Dinheiro (em lunfardo)
Muito Bom	Exquisito
Nota Fiscal	Factura.
Olhar	Mirar
Pacote	Paquete
Presente	Regalo
Vitrina	Vidriera, Pantalla

Correio
Cartão Postal	Postal
Selos	Sellos, Estampillas, Timbres

Dias da Semana
Segunda	Lunes
Terça	Martes
Quarta	Miércoles
Quinta	Jueves
Sexta	Viernes
Sábado	Sábado
Domingo	Domingo
Ontem	Ayer

Hotel
Acordar	Despertar
Acréscimo	Suplemento
Aquecimento	Calefacción

Alô! (Telefone)	Hola!
Bagagem	Equipaje
Banheiro	Baño
Cabides	Colgadores, Ganchos
Café da Manhã	Desayuno
Campainha	Timbre
Cinzeiro	Cenicero
Chave	Llave
Chegada	Llegada
Chuveiro	Ducha
Cobertor	Manta, Frazada
Data	Fecha
Descarga	Sifón
Elevador	Ascensor
Escada	Escalera
Escova Dental	Cepillo de Dientes
Fechar	Cerrar
Férias	Vacaciones
Fronha	Funda
Ir Embora	Marchar
Janela	Ventana
Lâmpada	Bombilla
Lençol	Sábana
Ligação Telefônica	Llamada
Lixo	Basura
Passar (a Ferro)	Planchar
Pente	Peine
Pia	Lavabo
Preencher	Rellenar
Privada	Inodoro
Quartos	Habitaciones
Sabonete	Pastilla de Jabón
Sala de Jantar	Comedor
Tapete	Alfombra
Térreo	Planta Baja
Tomada	Enchufe
Torneira	Canilla
Travesseiro	Almohada

Restaurante

Português	Español
Alface	Lechuga

Português	Español
Almoço	Almuerzo
Asado	Churrasco
Batata	Papa
Café com Leite	Cortado
Camarões	Gambas, Camarones
Cenoura	Zanahorias
Chá	Té
Coelho	Conejo
Croissant	Medialuna
Cru	Crudo
Defumado	Ahumado
Doce	Dulce
Farinha	Harina
Filé Mignon	Lomo
Frango	Pollo
Garçom	Mozo
Gorduroso	Graso
Gorjeta	Propina
Grelhado	Asado a La Plancha
Guardanapo	Servilleta
Isqueiro	Encendedor
Jantar	Cena
Leitão	Cochinillo
Mole	Blando
Molho	Salsa
Ovos	Huevos
Pão	Pan
Porco	Cerdo, Chancho
Presunto	Jamón
Queijo	Queso
Quente	Caliente
Recheado	Relleno
Salgado	Salado
Sobremesa	Postre
Sorvete	Helado
Suco	Jugo
Suculento	Jugoso
Talheres	Cubiertos
Temperado	Condimentado
Torrada(Presunto e Queijo)	Tostado de Miga
Troco	Vuelto

Restaurante - Utensílios

Cadeira	Silla
Colher	Cuchara
Copo	Vaso
Faca	Cuchillo
Garfo	Tenedor
Garrafa	Botella
Saca-Rolhas	Sacacorchos
Talher	Cubierto
Xícara	Taza

Vocabulário Básico (Espanhol - Português)

Alfândega

Aduana	Alfândega
Apellido	Sobrenome
Bultos	Volumes (de Bagagem)
Derechos de Entrada	Taxa de Importação
Derechos de Salida	Taxa de Exportação
Fecha de Nacimiento	Data de Nascimento
Firma	Assinatura
Señas Particulares	Sinais Particulares
Visado, Visa	Visto

Básicos

Alquilar	Alugar
Calle	Rua
Coche	Carro
Colectivo	Ônibus
Grácias	Obrigado
Invitación	Convite
Lejos, Lejano	Longe
Listo	Pronto
Periódico	Jornal
Permiso	Com Licença
Rato	Pequeno (quando se falar em tempo)
Subte	Metrô
Tire	Puxe

Compras

Al Contado	À Vista

Cola	Fila
Dinero	Dinheiro
En Efectivo	Em Dinheiro (Pagamento)
Exquisito	Muito Bom
Factura	Nota Fiscal
Juguete	Brinquedo
Mango (Em Lunfardo)	Dinheiro
Mirar	Olhar
Paquete	Pacote
Quedar	Ficar
Regalo	Presente
Tarjeta	Cartão
Vidriera, Pantalla	Vitrina

Correio
Postal	Cartão Postal
Sellos, Estampillas, Timbres	Selos

Dias da Semana
Ayer	Ontem
Domingo	Domingo
Jueves	Quinta
Lunes	Segunda
Martes	Terça
Miércoles	Quarta
Sábado	Sábado
Viernes	Sexta

Hotel
Alfombra	Tapete
Almohada	Travesseiro
Ascensor	Elevador
Baño	Banheiro
Basura	Lixo
Bombilla	Lâmpada
Calefacción	Aquecimento
Canilla	Torneira
Cenicero	Cinzeiro
Cepillo de Dientes	Escova Dental
Colgadores, Ganchos	Cabides
Comedor	Sala De Jantar
Cerrar	Fechar

Desayuno	Café da Manhã
Despertar	Acordar
Ducha	Chuveiro
Enchufe	Tomada
Equipaje	Bagagem
Escalera	Escada
Fecha	Data
Funda	Fronha
Habitaciones	Quartos
Hola!	Alô! (Telefone)
Inodoro	Privada
Lavabo	Pia
Llamada	Ligação Telefônica
Llave	Chave
Llegada	Chegada
Manta, Frazada	Cobertor
Marchar	Ir Embora
Pastilla de Jabón	Sabonete
Peine	Pente
Planchar	Passar (A Ferro)
Planta Baja	Térreo
Rellenar	Preencher
Sábana	Lençol
Sifón	Descarga
Suplemento	Acréscimo
Timbre	Campainha
Vacaciones	Férias
Ventana	Janela

Restaurante

Ahumado	Defumado
Almuerzo	Almoço
Asado a La Plancha	Grelhado
Blando	Mole
Caliente	Quente
Cena	Jantar
Cerdo, Chancho	Porco
Churrasco	Asado
Cochinillo	Leitão
Condimentado	Temperado
Conejo	Coelho

Cortado	Café com Leite
Crudo	Cru
Cubiertos	Talheres
Dulce	Doce
Encendedor	Isqueiro
Gambas, Camarones	Camarões
Graso	Gorduroso
Harina	Farinha
Helado	Sorvete
Huevos	Ovos
Jamón	Presunto
Jugo	Suco
Jugoso	Suculento
Lechuga	Alface
Lomo	Filé Mignon
Medialuna	Croissant
Mozo	Garçom
Pan	Pão
Papa	Batata
Pollo	Frango
Postre	Sobremesa
Propina	Gorjeta
Queso	Queijo
Relleno	Recheado
Salado	Salgado
Salsa	Molho
Servilleta	Guardanapo
Té	Chá
Tostado de Miga	Torrada (Presunto e Queijo)
Vuelto	Troco
Zanahorias	Cenoura

Restaurante - Utensílios

Botella	Garrafa
Cubierto	Talher
Cuchara	Colher
Cuchillo	Faca
Sacacorchos	Saca-Rolhas
Silla	Cadeira
Tenedor	Garfo
Taza	Xícara
Vaso	Copo

Índice Remissivo

9

9 de Julio, 10, 40

A

A Media Luz, 164
Abasto, 56
Abc, 139
Academia Nacional de la Historia, 21, 118
Academia Nacional del Tango, 163
Academias de Tango, 162
Actor's Studio, 169
Aeroporto, 28
Aerolíneas Argentinas, 30
Aeroparque, 28
Aeroparque Jorge Newbery, 182
Agencia Ecuador, 183
Agraz, 150
Ai Rent a Car, 181
Al Andaluz, 144
Al Carbón, 154
Albergues, 68
Alpino Hotel, 76
Alto Palermo, 56
Alvear, Av. 42
Alvear Palace Hotel, 70
AM Records, 50
American Airlines, 30
American Express Card, 48
Amerika, 67
Ana y El Ángel, 155
Anciens Combattants, 156
Anfiteatro, 118
Angelín, 130
Antigua Tasca de Cuchilleros, 118
Antiguo Congreso Nacional, 98, 118
Antiguo Hotel Majestic, 16
Apart-Hotéis, 68
Apart Hotel Cabildo Suites, 69
Apart Hotel Recoleta, 68
Aralar, 140
Arenales Apart Hotel, 68
Arguibel, 138
Arlequino, 169

Armani Café, 150
Aspen Towers, 72
Astral, 169
Astros, 169
Atlas Tower Hotel, 76
Auditorio Bauen, 169
Autos Remises, 183
Avenida, 170
Avis Rent a Car, 181

B

Bach Bar, 67
Balzac, 53
Banco de La Nación, 20, 118
Banco do Brasil, 32
Bancos, 32
Banespa, 32
Bar Los 36 billares, 16
Bar Suarez, 25, 33
Bar Sur, 165
Bar Uriarte, 144
Barbaro, 33
Bares e Cafés-Concerto, 33
Barrancas de Belgrano, 15, 110
Basilica de San Francisco, 20
Basílica de Santo Domingo, 82
Basilica del Sacratíssimo Sacramento, 82
Basilica Menor de Nuestra Señora del Pilar, 83
Basque Français, 135
Belisario, 170
Belgrano, 14
Bella Italia, 144
Best Western Art Decó Apart, 69
Best Western Embassy All Suites, 69
Biblioteca Nacional, 24
Bice, 148
Big Mamma, 133
Big One, 60
Blanca Podestá, 170
Boca Juniors, 18, 64
Bokoto, 138
Bradesco, 32
Brasileiros, Informações para, 38
British Airways, 31
British Arts Centre, 170
Broadway All Suites, 69
Broccolino, 140
Broker Bar, 140
Brujas, 60

Budget Rent a Car
Buenos Aires Asi, 49
Buenos Aires Design Center, 24
Buenos Aires News, 33, 60
Buenos Aires Tur, 49
Buenos Aires Visión, 49
Burger King, 129
Bukowski, 170
Bululú, 170
Buquebus, 180

C

Cabaña Las Lilas, 148
Cabildo, 14, 119
Cabildo, Av., 42
Caesar Park Buenos Aires, 70
Cafe de La Paix, 39
Cafe Homero, 165
Café Molière, 34
Café Remis Paris, 34
Cafe Tortoni, 16, 39,165
Cafés, 39
Caix, 61
Caja de Previsión Social, 119
Calles e Avenidas, 42
Câmara Argentina de Turismo, 87
Câmbio, 47
Camelot Comics Store, 53
Caminito, 18, 42, 51
Campo dei Fiori, 140
Cantón, 156
Cardton Hotel, 76
Carlos Gardel, 164
Carlton, 72
Carsson, 72
Cartão de crédito, 47
Casa Rosada, 12, 20, 119
Casablanca, 165
Casas de Tango, 164
Castelar Hotel, 72
Catalinas Suites, 69
Catedral Metropolitana, 20, 83
Cemento, 61
Cemitério da Recoleta, 120 Centro
Cultural Ciudad de Buenos Aires, 24, 121
Centro Cultural Borges, 24, 96
Centro Cultural Catedral, 121
Centro Cultural Recoleta, 98, 121, 170

Centro Cultural Ricardo Rojas, 163, 170
Centro Cultural San Martin, 171
Centro Municipal de Exposiciones, 24, 50
Chinatown, 15, 57
Cielito Lindo, 144
Cinemas, 48
Círculo Militar, 24, 121
Claridge Hotel, 71
Claridge's, 141
Clark's, 34
Clasica Y Moderna, 53
Clima, 50
Clinton Plaza, 129
Clo Clo, 157
Club Almagro, 163
Club Argentino Juniors, 64
Club Atletico Independiente, 65
Club del Vino, 145, 165
Club Social Rivadávia, 163
Club Sueco, 135
Clubs dos Pescadores, 17, 122
Codo de Oro, El, 130
Colégio Nacional de Buenos Aires, 20, 122
Coliseo, 171
Colonial, 172
Columbia Palace Hotel, 76
Columbus, 129
Companhias Aéreas, 30
Complejo Edificio Catalinas Norte, 122
Compras, 50
Concert Louge Bar, 34
Concert, 172
Confiteria El Molino, 16, 122
Confiteria Ideal, 25, 40, 163, 166
Congreso, 15
Congreso de La Nación, 16, 123
Consejo Deliberante, 123
Constitución Palace Hotel, 77
Contramano, 67
Convento de La Merced, 25
Correios, 59
Correo Central, 25, 124
Corrientes, Av. 43
Cosa Nostra, 145
Cosmopolitain, 141
Costanera Norte, 17

Costanera Sur, 17
Coyote, 61
Cozinha Argentina, 128
Crowne Plaza Panamericano, 71
Cruceiro, 92
Cuisine de Park, 154

D

Da Orazio, 133
Dadá, 35
Dançar, 60
De la Comedia, 172
De Mayo, Avenida, 43
Deep Blue, 35
Del Pasillo, 172
Del Centro, 172
Del Globo, 172
Del Pueblo, 172
Del Sur, 172
Diner's Club, 48
Discos, 50
Distal Libros, 53
Documenta, 54
Don Carlos, 137
Don Pedro de Mendoza, 10
Dorrego, 40
Druid In, 35

E

Ecuador Hotel, 77
Edificio del Correo Central, 20
Edificio Kavanagh, 12, 24
Eh! Santino, 138
El Aljibe, 56
El Ateneo, 54
El Ateneo Grand Splendid, 54
El C.O.D.O., 61
El Callejón de los Deseos, 173
El Codo De Oro, 130
El Conquistador Hotel, 73
El Corralón, 150
El Cuartito, 130
El Doble, 173
El Estanciero, 139
El Farol, 157
El Imparcial, 136
El Living, 62
El Mirasol del Puerto, 148
El Obrero, 137
El Observatorio, 173

El Ojo, 173
El Pensador, 16, 92
El Querandí, 21
El Repecho de San Telmo, 122
El Solar de la Abadia, 57
El Teatron, 173
El Viejo Almacén, 26, 124, 166
El Vitral, 173
Eletricidade, 63
Eleven Palace Hotel, 77
Embaixada Brasileira, 24, 38
Embaixada da França, 25
Embajador Hotel, 77
Emperador, 71
Empire, 174
Escuela Central, 174
Escuela Museo Pedro de Mendoza, 18
Esmeralda Palace Hotel, 77
Estação Retiro, 24
Estación Constituición, 19
Estadio Obras, 174
Estatua de la Libertad, 92
Eva Peron, 13, 24
Ezeiza, 28, 182

F

Fabela Discos, 167
Farmacia de la Estrella, 124
Farmácias de Plantão, 160
Fast-Ferry, 180
Fast-Food, 128
Fausto, 54
Feira de San Telmo, 40, 52
Feiras de Antiquários e Artesanato, 51
Feria de las Artes, 51
Feriados, 64
Ferryboat, 179
Ferrylíneas, 180
Filo, 130, 154
Florida Garden, 25, 40
Florida, 25, 43
FM Palermo, 167
Fonte Netuno e Nayade, 93
Foro Ghandi, 40
Frida Kahlo, 157
Futebol, 64

G

Galani, 150

Galería Güemes, 128
Galería La Defensa, 57
Galerías Pacífico, 24, 45
Galpón del Abasto, 174
Gandhi, 54
Gardiner, 157
Garibaldi, Calle 45
Gaucho Grill, 145
Gays, 67
General San Martín, 174
Goethe, 54
Gol, 31
Golden Shopping, 57
Gorjetas, 67
Gran Hotel Argentino, 78
Gran Hotel de La Paix, 78
Gran Hotel Dorá, 73
Gran Hotel Orly, 78
Gran Hotel San Carlos, 78
Gran Rex, 174
Grand Boulevard Hotel, 73
Grand Hotel Buenos Aires, 73
Granda, 151
Güerrin, 131

H

Haiku, 134
Happening del Puerto, 149
Hard Rock Café, 35
Hebraica, 174
Hernández, 55
Hertz, 182
Hilton Buenos Aires, 71
Hipódromo Argentino, 21, 110
Hippopotamus, 161
Horários, 68
Hospedagem, 68
Hotéis, 70
Hotel Chile, 16
Hotel de las Americas, 73
Hotel Dolmen, 73
Hotel dos Congressos, 77
Hotel Grand King, 74
Hotel Hosteria Posta Carretas, 75
Hotel NH Florida, 74
Hotel NH Jousten, 74
Hotel NH Latino, 74
Hotes Bel Air, 76
Hyde Park Hotel, 78

I

I.F.T., 175
Ibis Accor, 79
Ichisou, 141
Iglesia de la Inmaculada
Concepción, 84
Iglesia de San Francisco, 84
Iglesia de San Ignacio, 85
Iglesia de Santa Catalina de
Siena, 85
Iglesia Nuestra Senora de Belén,
86
Iglesia Ortodoxa Russa, 21, 86
Iglesia San Juan Evangelista, 86
Igrejas, 83
Il Matterello, 137
Impala Hotel, 78
Imperial Park Hotel, 79
Informações Turísticas, 87
Inter-continental, 71
Interactiva - AM 1570, 168
Itaú, 32

J

Jardim Botânico, 12, 22, 110
Jardim Japonês, 111
Jardim Zoológico, 21, 185
Jornais, 88
José Luis, 151
Juan de Garay, 10
Juan Domingo Perón, 12
Juan Manuel de Rosas, 11

K

K2, 62
Katmandu, 146
Katrine, 149
Kilómetro 0, 16

L

L'Orangerie, 152
La Academia, 163
La Biela, 41
La Boca, 17
La Bombonera, 18, 64
La Bourgogne, 151
La Brigada, 156

La Carbonera, 175
La Casona de Roque, 149
La Catedra, 146
La Cigale, 35
La Cumparsita, 166
La Diosa, 62
La Fornarina, 134
La Imprenta, 41
La Inmobiliaria, 16
La Mezzetta, 131
La Outra Orilla, 175
La Pérgola, 142
La Perla, 79
La Plaza, 175
La Prensa, 15
La Ranchería, 175
La Redonda, 14, 84
La Raya, 152
La Scala de San Telmo, 175
La Suburra Ristorantino, 158
La Tasca de Plaza Mayor, 151
La Trastienda, 35, 167, 176
La Ventana, 166
Lafayette Hotel, 74
Lavalle, Calle 32
Lezama, 156
Liberarte, 176
Liberarte, 41, 55
Libertador Kempinsky, 71
Liberty Hotel, 79
Librerías Turísticas, 55
Liceo, 176
Ligure, 154
Lincoln Hotel, 79
Língua, 88
Livrarias, 53
Lo Rafael, 142
Locação de automóveis, 181
Localiza Rent a Car, 182
Locos x El Futbol, 152
Loisuites Esmeralda, 69
Lola, 152
Lola Membrives, 176
Los Años Locos, 158
Los Bosques de Palermo, 111
Los Cocos, 131
Los Inmortales, 131
Los Patios de San Telmo, 124
Lotos, 129
Lotus Neo Thai, 139

Louisuites Recoleta Hotel, 71
Luna Park, 176
Lyon, 79

M

Mac Donald's, 129
Magallanes, Calle, 18, 45
Maipo, 176
Mais Um, 62
Mamá Jacinta, 136
Manuel Tienda Leon, 29
Manzana de las Luces, 20, 125
Margarita Xirgu, 176
Marriott Plaza, 72
Mastercard, 48
Mataderos, 51
Mediterráneo, 142
Mercado de las Luces, 52
Meson Navarro, 143
Mesquita de Palermo, 86
Metrô, 89
Metropolitan 1 e 2, 176
Michelangelo, 167
Moeda, 92
Montserrat, 19
Monumento a Cargos Torcuato de Alvear, 24, 93
Monumento a Colón, 20, 94
Monumento à cordialidade internacional, 93
Monumento a Domingo Sarmiento, 94
Monumento a Giuseppe Garibaldi, 22
Monumento a Juan de Garay, 20, 94, 112
Monumento a Justo José De Urquiza, 94
Monumento a los Caídos en Las Malvinas, 24
Mayo, Av. de 15, 43
Monumento a los Dos Congresos, 16, 93
Monumento a los Españoles, 22, 95
Monumento ao Gen. Belgrano, 20, 95
Monumento ao Gen. San Martín, 24, 95
Monumento Canto al Trabajo, 26, 92
Monumentos, 92
Morena, 158
Morriña, 134
Mundo Bizarro, 36
Museo Aeronáutico, 17, 98
Museo Antiguo Congreso Nacional, 98
Museo Casa de Yrurtia, 15 98

Museo Corbeta A. R. A. Uruguay, 99
Museo da Caricatura "S. Vaccaro", 99
Museo de Arte Contemporâneo, 99
Museo de Arte Español Enrique Larreta, 14, 99
Museo de Arte Hispano-Americano Isaac Fernández Blanco, 100
Museo de Arte Moderno, 26, 100
Museo de Artes Plásticas Eduardo Sívori, 100
Museo de Bellas Artes de La Boca, 18, 101
Museo de Calcos y Esculturas Comparadas, 17, 101
Museo de Cera de La Boca, 18, 102
Museo de Esculturas Luis Perlotti, 102
Museo de la Casa de Gobierno, 20, 102
Museo de la Casa Rosada, 102
Museo de La Ciudad 20, 103
Museo de las Telecomunicaciones, 17, 103
Museo de Monedas de la Nación, 25
Museo de Motivos Argentinos Jose Hernandez, 104
Museo del Jamón, 136
Museo del Teatro, 23
Museo Etnográfico Juan B. Ambrosetti, 21, 104
Museo Fragata Presidente Sarmiento, 104
Museo Histórico de la Ciudad de Buenos Aires General Saavedra, 105
Museo Histórico Nacional, 26, 105
Museo Histórico Nacional del Cabildo, 105
Museo Histórico Sarmiento, 15, 105
Museo Judío Dr. Salvador Kibrick, 23
Museo Líbero Baldii, 15, 106
Museo Mitre, 25, 106
Museo Nacional de Arte Decorativo, 106
Museo Nacional de Arte Oriental, 107
Museo Nacional de Bellas Artes, 24, 107
Museo Nacional Del Grabado, 107
Museo Nacional Del Grabado Roca, 108
Museo Nacional Ferroviario, 108
Museo Numismático, 108
Museo Participativo de Ciencias, 108
Museo Penitenciário Argentino Antonio Ballvé, 109
Museo Renault, 109, 146
Museo Ricardo Rojas, 109
Museo Xul Solar, 109
Museus e Salas de Exposições, 96.
Musimundo, 50
Mykonos, 134

N

Nacional Cervantes, 177
Napoleon Hotel, 80
Necochea, Calle 18, 46
Niceto, 63
Nihonbashi, 136
Nogaró Hotel, 74
Normandie Hotel, 80
Notorius, 36

O

O'Higgins, 99
Obelisco, 25, 42, 95
Oliverio Allways, 36
Olsen, 146
Ônibus, 28, 182
Ópera, 177
Opera Prima, 36, 172
Oviedo, 153

P

Pachá, 63
Palacio, 67
Palácio Anchorena, 24
Palácio Barolo, 12
Palacio de Justicia, 126
Palacio de Los Tribunales, 22
Palácio Municipal, 12, 43, 126
Palácio Pereda, 24, 38, 126
Palermo, 21, 52
Paquebot, 148
Park Central Kempinski Hotel, 75
Paróquia de la Imaculada Concepción, 14
Parque Colón, 20
Parque Lezama. 26, 111
Parque Tres de Febrero, 12, 111
Parques, Praças e Jardins, 110
Paróquia San Pedro Telmo, 26
Pasaje de La Piedad, 46
Pasaje Giuffra, 47

Pasaje Roverano, 17
Pasaje Santamarina, 47
Pasaje Urquiza Anchorena, 17
Pasajes, 46
Paseo Alcorta, 58
Paseo de la Infanta, 46
Patio Andaluz, 22, 99
Patio Bulrich, 25
Payró, 177
Pepino, 129
Petit Colón, 41
Phoenix, 80
Piazzolla Tango, 167
Picadilly, 177
Piccolo Teatro, 178
Pigalle, 177
Piola, 131, 155
Pirámide de Mayo, 20, 96
Pizza Cero, 132
Pizza Hut, 132
Pizzarias, 130
Planeta Tango, 164
Planetário Galileo Galilei, 21, 126
Plaza Alvear, 24
Plaza Colón, 112
Plaza de Mayo, 13, 112
Plaza del Congreso. 15, 114
Plaza del Correo, 25
Plaza Dorrego, 26, 114
Plaza Francia Hotel, 80
Plaza Hotel, 24
Plaza Italia, 22, 114
Plaza Lavalle, 22, 115
Plaza Liniers Sc, 58
Plaza Manoel Belgrano, 14
Plaza Mayor, 112, 143
Plaza San Martín, 24, 115
Plaza Serrano (Pracinha Julio Cortázar), 52
Plaza Solis, 19
Plazoleta San Francisco, 20, 115
População, 117
Porteños, 117
Prédios e Construções Históricas, 118
Presidente Alvear, 178
Prima Fica, 153
Puente Mitre, 63
Puente Nicolás Avellaneda, 18
Puerto Madero, 23

Puerto Sorrento, 149

R

Rádio Belgrano - AM 840, 168
Real, Banco, 32
Recoleta, 23, 52
Regidor Hotel, 75
Regina, 178
Regis Orho Hotel, 80
Religião, 128
Remis Tribunales, 183
Remises, 29, 183
Remises Lavalle, 183
Rendez Vous, 183
Reserva Ecológica Costanera Sur, 115
Restaurantes, 128
Restaurantes (Belgrano), 133
Restaurantes (Congreso e Once), 135
Restaurantes (La Boca), 137
Restaurantes (Las Cañitas), 138
Restaurantes (Montserrat e San Nicolas), 139
Restaurantes (Outros Locais), 156
Restaurantes (Palermo), 144
Restaurantes (Puerto Madero), 148
Restaurantes (Recoleta e Barrio Norte), 150
Restaurantes (Retiro), 154
Restaurantes (San Telmo), 155
Restó, 153
Retiro, 24
Richmond, 41
Río Alba, 147
River Hotel, 80
River Plate, 65
Rochester Hotel, 75
Rodriguez, 55
Romario, 132
Rosedal, 22
Roupas de couro e peles, 58
Rue des Artisans, 47

S

Salas Nacionales de Cultura "Palais de Glace", 127
San Antonio, 129
San Bábila, 153
San Nicolas, 25

San Telmo, 26, 52
San Telmo, Feira de, 40, 52
Sarmiento Palace Hotel, 81
Sarum, 81
Saúde, 160
Schlotzki's Deli, 130
Seddón, 36
Segurança, 160
Sex Shows, 161
Shampoo, 161
Sheltown Hotel, 75
Sheraton Buenos Aires Hotel & Towers, 72
Shoppings e rues de comércio, 56
Sinagoga Central de Buenos Aires, 86
Sinclair, 147
Siringa, 94
Skin Escort, 161
Sodoma Disco Show, 161
Sorrento, 143
Soul Café, 139
Su Remis, 183
Su Taxi S.A., 183
Sucre, 134
Suipacha, 25

T

Tabaris, 178
Tacla, 67
Tam, 31
Tancat, 155
Tango, 162
Tangos, Lojas de discos, 167
Tangos, Programas de rádio, 167
Tangos fundamentais, 168
Táxi, 30, 184
Te Mataré, Ramirez, 148
Teatro Avenida, 17
Teatro Colón, 12, 22, 171
Teatro Nacional Cervantes, 23, 115
Teatros e Casas de Shows, 169
Telefones Úteis, 179
Telefones, 178
Televisão, 179
Templos, 83
Terminais Ferroviários, 180
Terminal Rodoviário, 181
The Kilkenny, 37
The Roxy Bar, 37

The Shamrock, 37
Thymus, 147
Tía Margarita, 159
Titanic, 67
Tomo 1, 143
Torre de Los Ingleses, 24
Tower Records, 51
Transporte Interurbano, 179
Transporte Urbano, 181
Trianon Residence, 70
Tribunales, 126
Tritone Hotel, 75
Tulip Inn America Studio All Suites, 70
Tulip Inn Principado, 76

U

Unidas, 182
United Airlines, 31
Universal, 183
Urgência, 160

V

Varig, 31
Vélez Sarsfield, 65
Verace, 134
Viamonte Suites Apart Hotel, 70
Village Recoleta, 58
Vinho, 59
Visa, 48
Vocabulário básico, 186
Voodoo, 37
Vuelta de Rocha, 18, 117

Y

Yenny, 55
Yuki, 137

Z

Zival's, 51, 167
Zôo, 185

W

Waldorf Hotel, 81

Montserrat/ Av. de Mayo

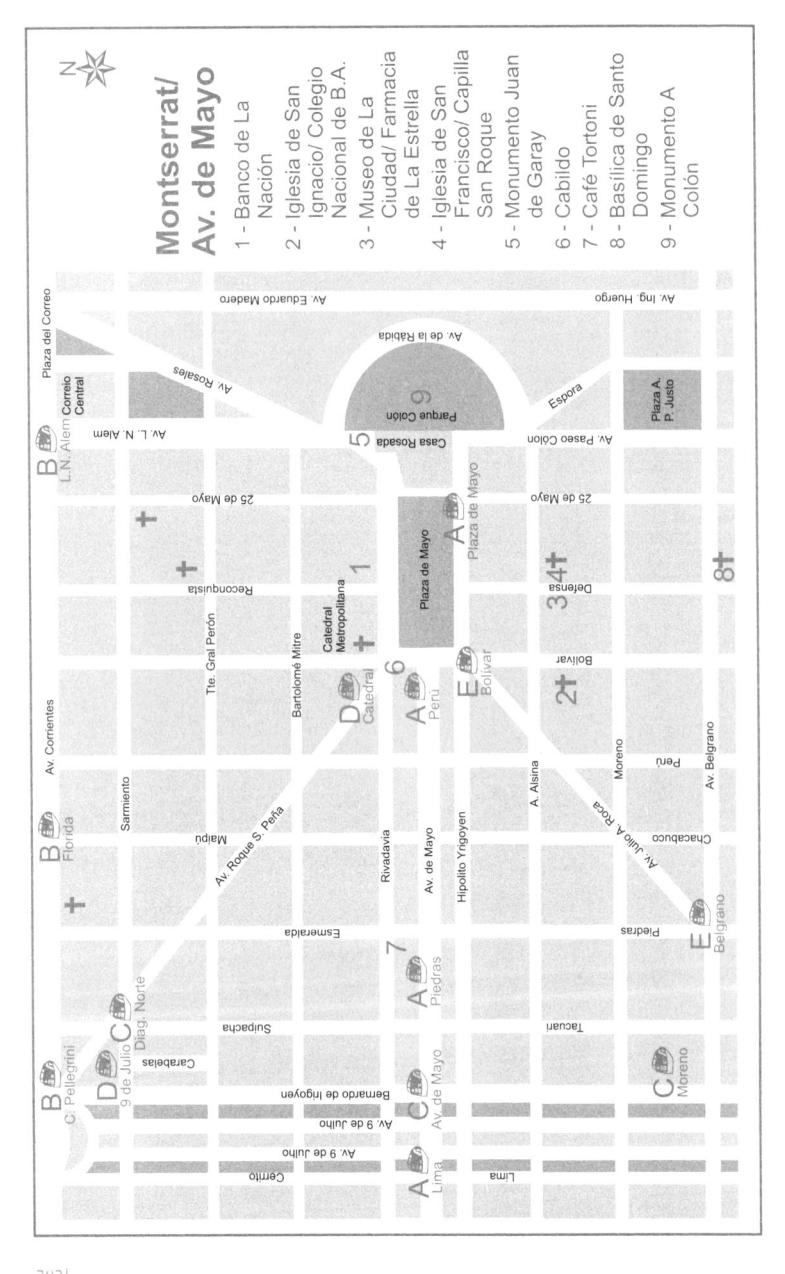

1 - Banco de La Nación
2 - Iglesia de San Ignacio/ Colegio Nacional de B.A.
3 - Museo de La Ciudad/ Farmacia de La Estrella
4 - Iglesia de San Francisco/ Capilla San Roque
5 - Monumento Juan de Garay
6 - Cabildo
7 - Café Tortoni
8 - Basílica de Santo Domingo
9 - Monumento A Colón

Retiro/San Nicolás

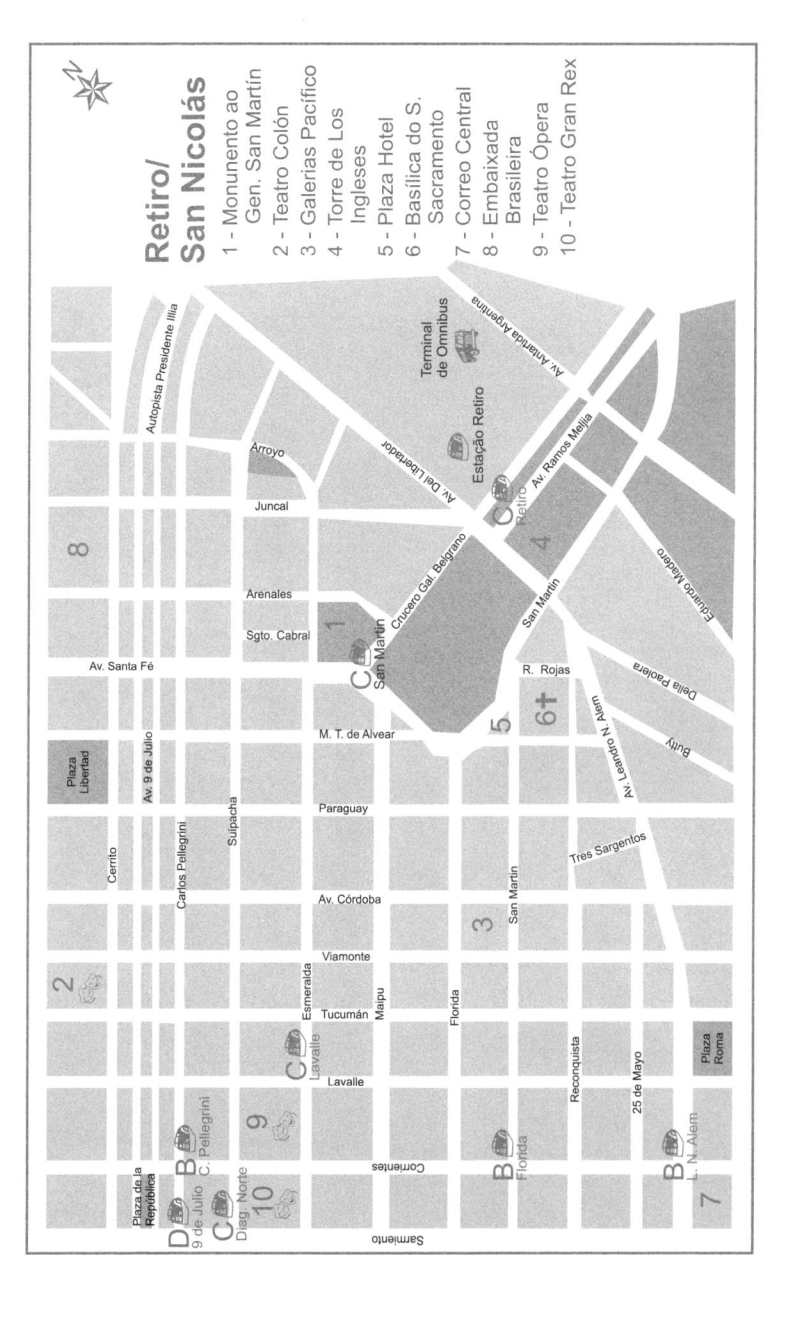

1 - Monunento ao Gen. San Martin
2 - Teatro Colón
3 - Galerias Pacífico
4 - Torre de Los Ingleses
5 - Plaza Hotel
6 - Basílica do S. Sacramento
7 - Correo Central
8 - Embaixada Brasileira
9 - Teatro Ópera
10 - Teatro Gran Rex

La Boca

1 - Caminito
2 - La Bombonera
3 - Plaza Solís
4 - Puente Nicolás Avellaneda
5 - Vuelta de Rocha
6 - Museo de Bellas Artes de La Boca
7 - Museo de Cera de La Boca
8 - Calle Garibaldi
9 - Calle Magallanes

Belgrano

1 - Iglesia La Redonda
2 - Plaza Gen. Belgrano
3 - Museo Larreta
4 - Museo Historico Sarmiento
5 - Museo Libero Baldii
6 - Chinatown
7 - Museo Casa de Yrurtia
8 - Barrancas de Belgrano
9 - Réplica da Estátua da Liberdade

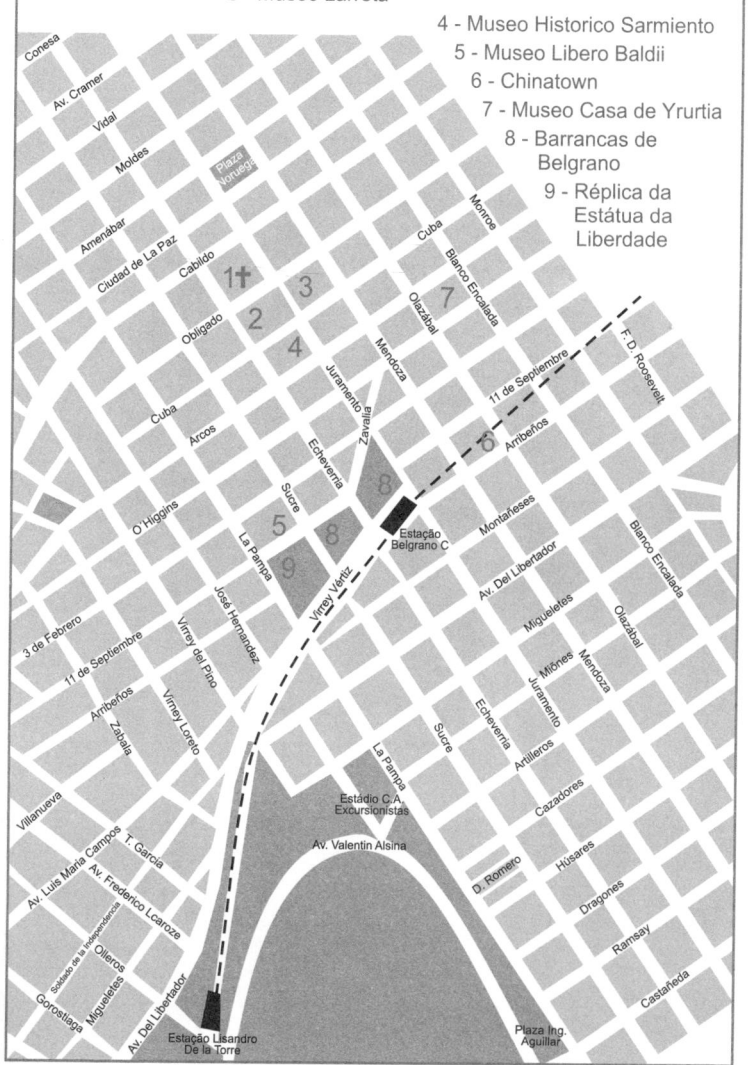

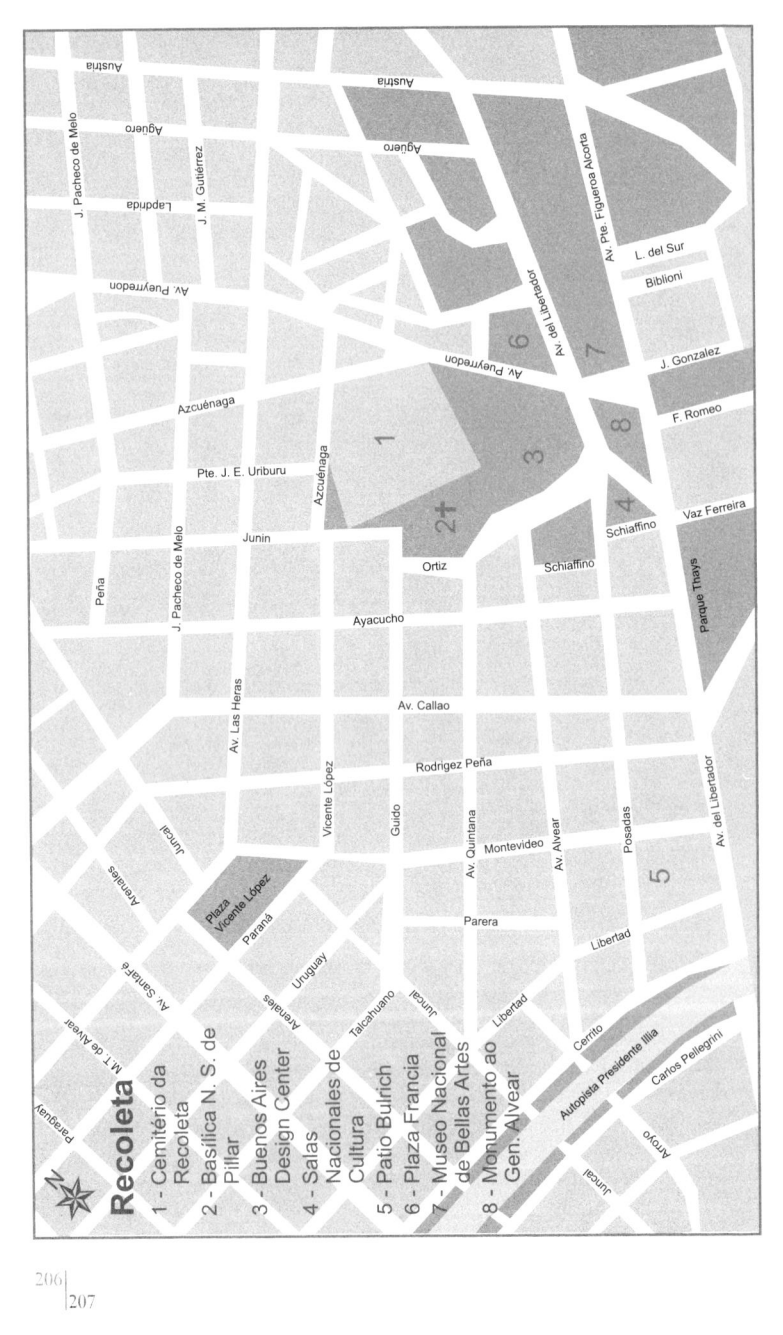

Recoleta

1 - Cemitério da Recoleta
2 - Basílica N. S. de Pilar
3 - Buenos Aires Design Center
4 - Salas Nacionales de Cultura
5 - Patio Bulrich
6 - Plaza Francia
7 - Museo Nacional de Bellas Artes
8 - Monumento ao Gen. Alvear

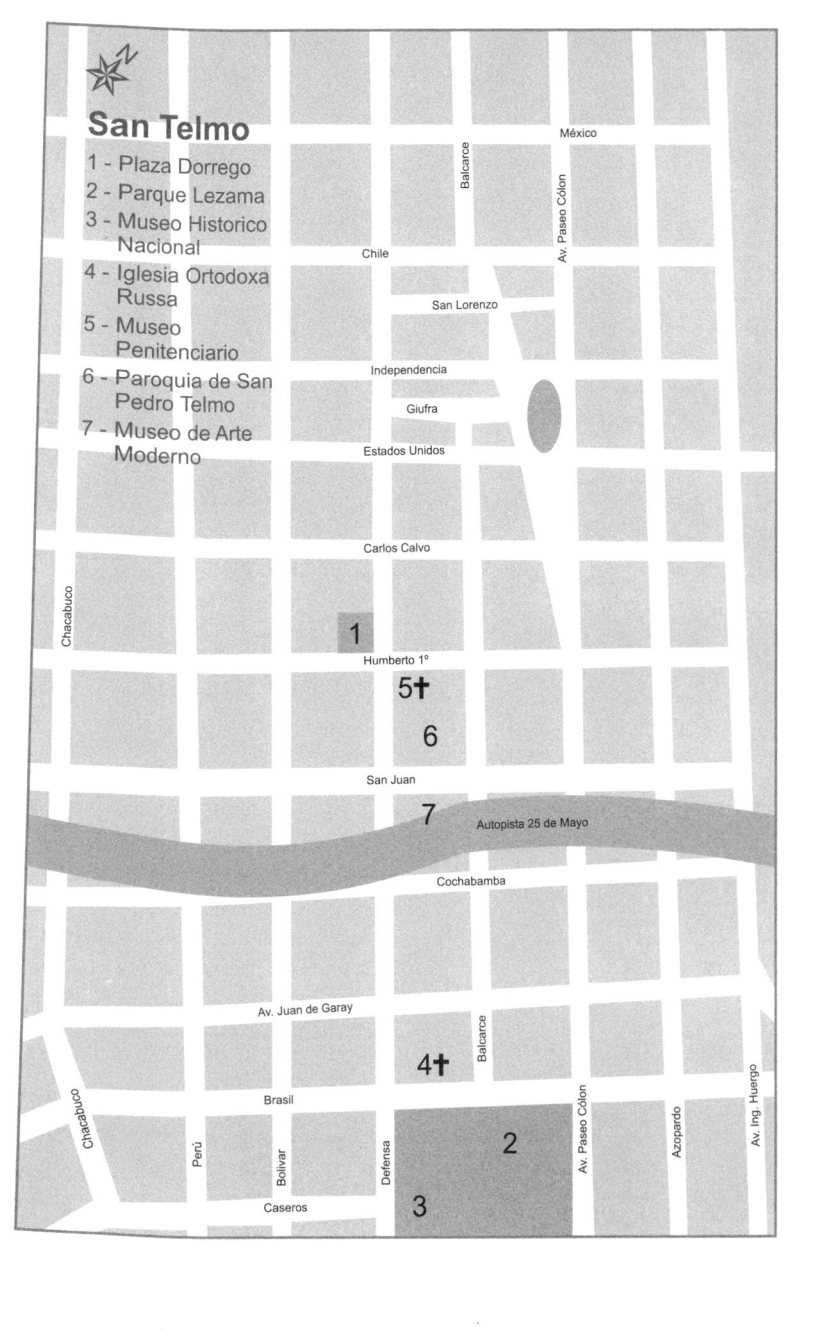

San Telmo

1 - Plaza Dorrego
2 - Parque Lezama
3 - Museo Historico Nacional
4 - Iglesia Ortodoxa Russa
5 - Museo Penitenciario
6 - Paroquia de San Pedro Telmo
7 - Museo de Arte Moderno